【 ナオミ・スレイドが贈る
ユリの歴史と最新花 】

世界の優美なユリ銘鑑

LILIES

ナオミ・スレイド 著／ジョージアナ・レーン 写真

日本文芸社

本書はユリが好きな人のために、
著者の視点でまとめた本である。
目立たず華奢な野生種が好きな人もいれば、
ひときわ華美で、自己主張が強く、
むせ返るような香りを持つユリが好きな人もいるだろう。
もし、本書をきっかけにもっとユリ属の植物について
知りたくなったなら、
他の多くの本も参考になるはずだ。
オニユリやカノコユリ、
トランペット＆オーレリアン・ハイブリッド、
スターゲイザー、八重と一重、アジアティック、
オリエンペット、オーキッドリリー、
その他あらゆるユリからなる世界は、
当惑するほど謎めいていて、
さらなる深い興味へといざなってくれることだろう。

CONTENTS

はじめに

ユリはその佇まいが、神話や物語をイメージさせる花であり、実際にユリにまつわる逸話は数え切れないほどある。時に性と情熱、女神と乙女を象徴し、また、花嫁が持つユリの花束は、豊穣と純潔を示す。一方で、試練や争いの種、移り気を表すこともある。相反する意味を同時に象徴することも珍しくない。戸惑うほど複雑なイメージを併せ持つユリだが、それでいて、豊かな香りと豪奢な美しい外観のために、世界中で愛される存在となっている。

ユリがなじみ深い花なのは、太古の昔から存在するからだ。その進化の歴史は人類の出現に先立ち、私たちを捉え、利用し、魅了するために人類の誕生を待ち構えていたかのようだ。自然の中で風に揺れるユリにはなんの罪もないが、華やかさの裏に芯の強さを持つ印象で、決して心和ませる花ではない。

また宗教や政治に利用され、死に関連づけられるユリは、儀式において重要な植物であり、物事を多面的に象徴する存在でもある。

さらにユリは、人類にとってさまざまな利用価値もある。アメリカ先住民には草原の収穫物として、中国では夕飯のおかずの定番として食された。古代ローマの兵士にはウオノメを治す軟膏として、中世には禿頭の治療薬として利用された。また、花束や葬式の花輪にも使われた。そのなまめかしく魅惑的な芳香は、死臭を隠すのにも最適だったからである。

黎明期の人類の歴史は、絵に刻まれている。絵画や彫刻の他、絵を使った表現形式は、脆弱な書き付けよりも長く保存されることが多いからだ。最古のユリの絵が描かれているのは、紀元前3000年から1100年に栄えたミノア文明の遺跡である。ユリだと断定できるのは、花が描かれているから。文字などで書かれた場合は、断定できるとは限らない。

山上の垂訓（すいくん）（イエスが山の上で弟子たちと群衆に語ったとされる教え）においてキリストは言う。「野のユリがどのように育つかを考えよ。働くことも、紡ぐこともしないではないか」（『マタイによる福音書』第6章28節）。

ここでキリストは、信仰とは何かをわかりやすく伝えるために、信仰の象徴として美しいユリの花を喩えに使っている。自然の動植物は全てを慈悲深い神の手に委ねているのだから、結局のところ我々人間も、衣服や食べ物のことを思い煩う必要があろうか、と。

この一節を文字通りに解釈すると、その地域に自生する、ほぼ全ての花を指していると考えられる。野に咲く全ての花を、あるいは、野に住む獣さえをも含めて、ユリという言葉で簡略に表現したのだろう。注釈のない垂訓における、美しい寓喩（ぐうゆ）だ。

園芸の世界でも、私たちの最善の努力が混乱を招いている。ウォーターリリー（スイレン）、ガーンジーリリー、カラーリリー（オランダカイウ）、プランテンリリー（ギボウシ）、リリー・オブ・ザ・バレー（スズラン）など、ユリ科に属さない多くの植物が英語でリリー（ユリ）と呼ばれている。一方、フォックステイルリリー（エレムルス属）、パゴダリリー（エリスロニウム・パゴダ、キバナカタクリ）、トラウトリリー（セイヨウカタクリ）の他、バイモ属とチューリップ属はユリ科に属する。以上のユリもどきは全て排除しなければならない。本書で扱うのは、ユリ属に属する真のユリだけだ。

地球上に最初のユリが発生したのは、およそ1950万年前の東アジアだ。この時点では、原始的なアフリカの霊長類はまだ類人猿ではなく、初期のヒト科動物は、進化の観点では微かな煌めき程度の存在だった。

長い年月が経過し、山々が隆起し、大陸は引き裂かれ、新しい大陸が生まれた。地質時代の世界では、山や大地は静的なイメージとは程遠く、地殻プレートの衝突によりヒマラヤ山脈が形成されると、特にモンスーンのパターンや氷河期に関して、地球の気象系に大きな影響を与えた。

ユリの原型となる植物は、静かなアジアの片隅で黙々と咲いていたが、徐々に環境変化に対応していく。比較的標高の低い場所に進化した植物も、山脈の形成により突然高山へ追いやられるものもあった。

新しい山脈や氷河、大洋により仲間から隔離された個体群は、地形と気候の変化に応じて、異なる系統に分岐し、さまざまな種に分化していった。

人新世(地質年代のうち、人類が地球に大きな影響を与えた、現代を含む時代を指す区分。開始年代は1万2000年前の農耕革命から1960年代以降までさまざまな意見がある)に入ると、ユリの地位向上は、芸術や文化的伝統を通じてたどることができる。

火山灰に埋もれたクレタ島の壁画や、古代エジプトの調香工房の遺跡、アッシリアの浅浮き彫り、古代ローマの墓碑銘など、ユリは数千年にわたり、ペルシャから極東の歴史に登場する。一方、西洋では、象徴としてのユリが聖人伝に繰り返し用いられているが、それらの作品がいずれもこれほど美しくなかったら、退屈な芸術作品になっていたかもしれない。また白いユリは、古代ローマと異教徒の象徴という汚名をそそぎ、イヴやキリストの涙から成長した奇跡の花として、復活祭や聖母の象徴となった。ルネサンス期には、受胎告知を題材とした多くの絵画作品にもユリが描かれた。

遠い昔から、観葉植物誌や有用植物誌、植物学関係書の木版や挿絵に描かれてきたのはもちろん、ユリはオランダのオールドマスター(18世紀以前のヨーロッパで活動していた優れた画家)によって詳細に描き出され、見る人を魅了した。ヴィクトリア朝とアーツ・アンド・クラフツ運動(19世紀後半のイギリスで起こった、中世の手工芸を理想とする運動)では、壁紙のモチーフとして人気を博し、詩人のアルフレッド・テニスン、アンドルー・マーヴェル、ジョン・キーツは、ユリをテーマにした優れた作品を残している。派手好みで有名な、耽美主義の作家オスカー・ワイルドはユリを愛し、ユリは彼を象徴する花となった。

人はユリの中に見たいものだけを見る、という甚だしい傾向がある。純潔を象徴するユリだけを認識して、背徳的な要素は無視する。まるで影を伴わない光が存在するかのように。ヘブライ聖書の『雅歌』の「私はシャロンのバラ、谷間のユリだ」(第2章第1節)を大喜びで引用する人たちは、「甘い香りの没薬の雫を滴らせる、ユリのような唇」(第5章第13節)や、女性の胸をユリの間で草を食む2頭の子鹿に例えた(第4章第5節)、エロチックな表現にはなぜか触れない。

キリスト教は、ユリをキリスト教独自の花にしようとしたものの、すでにキリスト教以前の神々が、それぞれの目的でユリを使用または悪用したエピソードが、神話の中で多数語られている。ギリシャ神話によると、最初のユリはヘラの乳のしずくが落ちた場所から生えてきたという。ペルセポネはアヤメやスミレ、そしてユリを摘んでいたときに、ハデスにより略奪されたとホメロスは書いている。

一方、ローマ神話のやや邪悪なウェヌス(ヴィーナス)の手にかかると、ユリは妬みと悪意の対象になる。ウェヌスは海から出現したとき、自分自身の魅力に匹敵するほど美しく香りの良い花を見て嫉妬に駆られた。花を醜い姿に変えるため、ペニスを思わせる大きな雌しべを花の中央に生じさせたという。こうして、ユリもウェヌス自身も、好色と性欲に結びつけられるようになった。

この話は刺激的だ。ユリの言い伝えは、女性崇拝、純潔と処女性、花嫁の処女喪失の象徴、生殖能力あるいは豊穣にまつわるものばかりだから。ひょっとすると、純潔を理想とする社会が、思うがままにユリを利用しているのではないだろうか、と思いたくなる。貞節と生殖能力の両立という、達成不可能な理想像を女性に押し付け、それを象徴する花として。

卑しく、復讐心に燃えたやり方で行動する、勝ち気で嫉妬深い女神たちの方が共感が持てる。確かに、女神たちは豊穣を司り子を産むが、純潔の方はほとんどお構いなし。性欲に任せて無秩序に、神々とも人間とも同じように親しく交わり、私通する。その一方、必要ならたとえ相手が花であろうとも、怒り、自分の利益を守るために、感情に流されず断固たる行動を取る。同世代の女性にとって、とことんパワフルなロールモデルだ。

著者にとって、ユリは単なる花をはるかに超えた存在だ。重なり合う時代を通じて、ユリはとても興味深い歴史をたどり、多重人格ともいえるほど複雑なイメージを併せ持つ花になった。ミラーボールのように多面的に物事を映し出す人間の精神の中で、ユリはそれ自体が象徴するものを超越し、それがなんであれ、人間がユリにこうあってほしいと望むものになるのではないだろうか。つまり、ユリは純潔で輝くものにも、暗く汚れたものにもなる。希望と救済と同時に、はるかに恐ろしい何か他のものも具現化する。美しく、恐ろしく、争いの種となる花。ユリを象徴とするどの神にも劣らず、複雑に擬人化された、崇拝の対象なのだ。

生物学者のJ.B.S.ホールデンは「あなたの研究から創造主の気質についてわかったことは何か」と尋ねられ、「神は星と甲虫に対して並外れた愛情を持っている」と答えた。数が多いという点では、多くのイメージを与えられたユリも、神に愛されているに違いない。

ユリの歴史と植物学

岩場の多い日本の海岸線から北アメリカの湿った牧草地まで、ユリの香りが夏の空気に漂う。ユリは非常になじみ深い植物である。私たちの魂の奥底に共鳴し、その優雅さと美しさは永遠の喜びをもたらし、人間の意識に深く刻み込まれる。人類の出現まで遡る長い歴史を持つユリは、人間と共に進化の道のりを一歩一歩歩んできたが、今なお変容を続け、私たちを驚かせてくれる存在だ。

ユリは、草本の顕花植物でユリ科ユリ属に属する。現在知られている約115種、80〜100亜種のユリのうち、半分以上は日本、中国など東アジアが原産で、それ以外はコーカサスや南ヨーロッパ、北アメリカに分布する。ただし、多くの野生の個体群は、人間活動の拡大と乱獲により脅かされている。

年月を経て、他の個体群から遠ざかるにつれ、ユリは著しく分岐し、個々の種はかなり限られた分布域を占める場合が多い。ただし、進化の過程で、ユリはどのような場所にも臨機応変に適応し、険しい岩山や高山草原にも、湿原や草原、森林、海岸地方にも見られる。花は人目を引くトランペット形や華奢な鐘形で、豊富な花粉と、蜜腺から分泌されるみずみずしい蜜を使って、ミツバチやチョウ、ガだけでなく、北アメリカではハチドリも引き寄せる。

古代のユリ

ユリは香りがよく、華やかで、とりわけ食用になることから、原始時代の人類をたちまち引き付けたに違いない。北アメリカと東アジアの先住民は、食べるために野生のユリを収穫したり、食用作物として栽培したりした。やがて、社会が進化して、芸術や儀式、花卉園芸において複雑な伝統が発達するにつれ、華やかなユリの花の重要性と価値がより一層高まっていった。

20世紀初め、ミノア文明の遺跡である、クレタ島のクノッソス宮殿が発掘されたとき、ユリとグリフィンで飾られた謁見室が見つかった。その近くの壁に、華やかな衣装をつけて歩く「ユリの王子」が描かれていた。王子はユリと孔雀の羽で作られた冠をかぶり、首にはユリの花輪をかけている。やはりミノア文明のテラ島(現サントリーニ島)で発見されたフリーズ(古典建築で柱頭の上部に設けられた帯状の装飾部分)には、岩がちな風景に咲くユリが描かれている。

1932年、クレタ島のアムニソスで、上流階級の別荘が発掘された。ミントやアヤメ、パピルスと一緒にフレスコ画に描かれた、白い*Lilium candidum*(ニワシロユリ)と赤い*L. chalcedonicum*に因んで、「ユリの家」として知られるようになった。考古学上、これまでに発見された最古のユリであり、紀元前1600〜1500年に遡る。いずれにせよ、これらのユリが描かれた場所は、権力と結びついているか、権力を手に入れようとする野心を示唆すると同時に、儀式的な重要性もあったのかもしれない。

このように、少なくとも3500年間にわたり、地中海周辺と古代の諸帝国の国境に沿ってユリは大切にされ、栽培されてきた。徐々に庭園へと進出し、時にはヨーロッパの在来種である他のユリ、*L. martagon*(マルタゴンリリー)やおそらく普及していた*L. pyrenaicum*などと一緒に、植物学者たちの目をかいくぐって植えられていたに違いない。そして、現代の儀式に用いられる、一握りの品種が躍進し、卓越した地位に上り詰めた。

哀悼の花

　多くの文化において、花は死の儀式の一端を担っている。色褪せ腐敗する前の束の間の輝きは、私たち自身の存在にも通じる、心に強く響く隠喩だ。ピラミッドから古代エジプトの花冠が発掘されているものの、最古の、原始的な花の捧げ物はイスラエルで見つかっている。古代の墓を発掘したところ、1万年以上前に埋葬された人物は、野生の花を敷き詰めた上に横たえられていたのだ。

　もしその墓にユリが含まれていたとしても、きっと偶然だったはずだが、ユリはそれ以降の歴史において、葬儀と切っても切れない関係性を持つ花になった。その過程は、ミノア人の棺を飾るユリや、古代ローマで儀式に用いられた大量のユリから、死者を悼むためにユリを飾る現在の習慣に至っている。また、スノードロップは「経帷子（きょうかたびら）に包まれた死体のような」外観だと描写され、セイヨウサンザシの一種 *Crataegus monogyna*（クラタエグス モ ノ ギ ナ）の花は、昔から不幸と関連づけられ、かすかな腐敗臭がする。このように白い花を死と関連づける伝統も、ユリと無関係ではないかもしれない。

　ユリは、豊穣と純潔、性と死に結びつけられた複雑な背景をもち、すでに象徴的存在であるため、葬儀の花の候補に挙がるのは当然だ。罪なき者たちの墓を飾るにも、また、原罪から浄化された魂が昇天することを示すのにも、極めて適している。一方、地上では、強く甘い香りは、腐敗臭を隠すのに効果的だったのだろう。

　今日では、葬儀用の装花は大きなビジネスだ。葬儀の花といえば白いユリを連想するが、弔う親族もまたそれ以外の花を選ばない。流行も新しい伝統を決定づけ、葬儀装花の世界では、スターゲイザー系のユリはお悔やみを表し、オリエンタル系のユリは永遠の命を表すといわれる。しかし、古典的な白い花は昔も今も慎ましく悲しげに咲き、世界のほとんどの地域で、葬儀の場面に紛れもなくふさわしい花とされている。

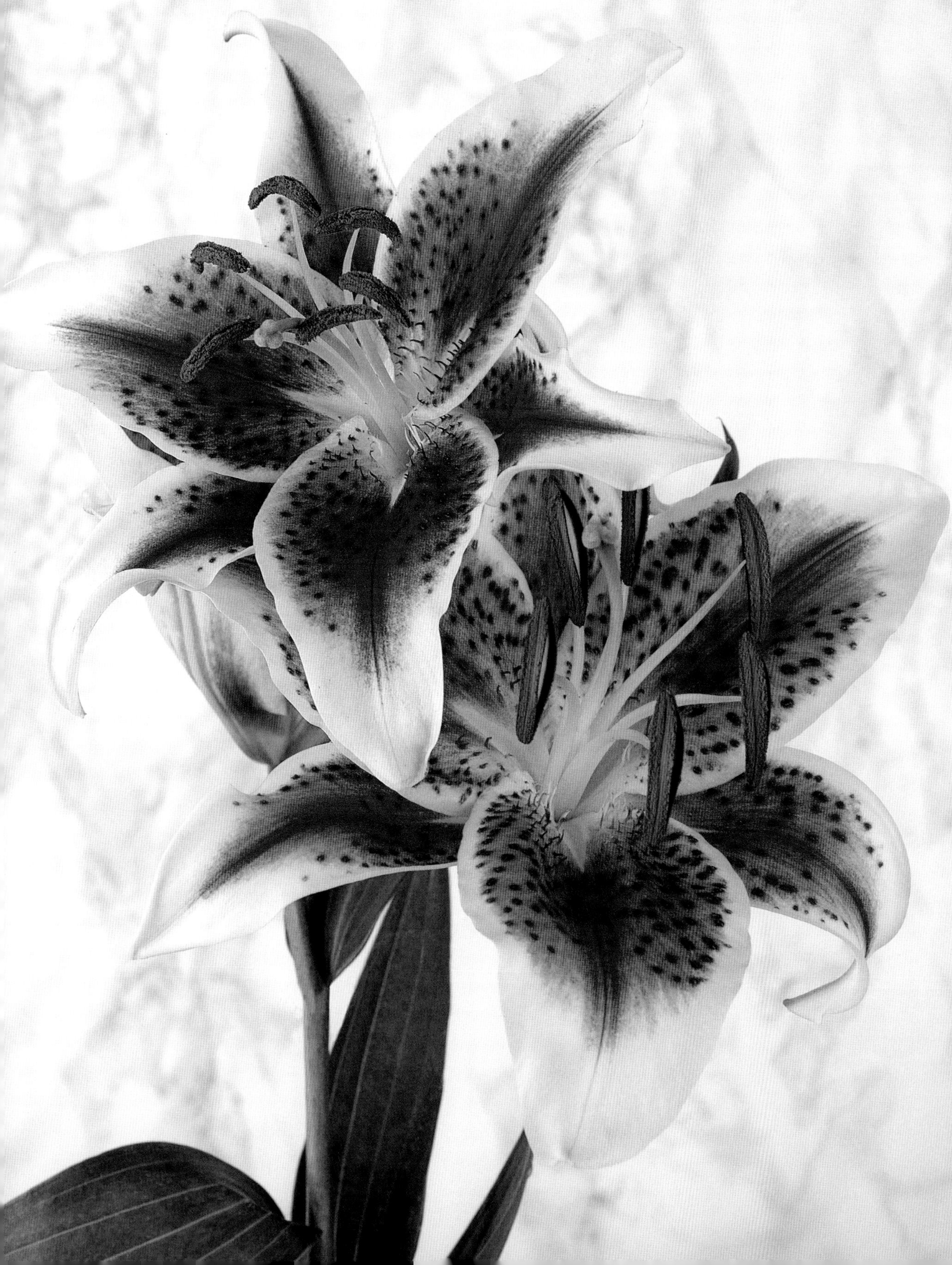

聖母のユリの台頭

マドンナリリー

前に述べた通り、古代からよく知られていた美しいニワシロユリ *Lilium candidum* は、象徴的なユリとして抜きん出ている。花は大きく香りが良い。色は純白で、堂々たる茎の上に誇らしげに直立する。触れてはならない純潔と生来の神聖さをかもし出すこのユリが、乙女と女神の花として選ばれるのは当然だ。無垢な乙女から大人への成長を象徴する古代のシンボルとして、ユリはしばしば花嫁の持つ花束に加えられた。

ミノア文明のテラ島で、ニワシロユリ *L. candidum* と *L. chalcedonicum* の特徴を組み合わせて様式化した花の絵が、儀式の間で発見された。この場所で催された儀式には、おそらく結婚の儀式も含まれ、植物を司る土着の女神に対する信仰が関与していたのではないかと考えられる。地中海地域と中近東における神学は複雑かつ重層的だが、この女神は創造、豊穣、処女性、性のみならず戦までも司り、イシュタル（メソポタミア神話の愛と美の女神）やアスタルト（古代中近東の豊穣多産の女神）、イナンナ（シュメール神話の愛と美、戦い、豊穣の女神）など、より広い地域で崇拝された、女神たちの前身かもしれない。ということは、かなり早い時点から、たとえ神性は変化を遂げても、ユリが重要な象徴的意味を持ち続けていたことを示唆している。

数千年後、ユリはペルセポネやアフロディーテまたはウェヌスとさまざまに関連づけられ、古代のギリシャとローマの神話に登場する。しかし、ユリはとりわけ、「神々の女王」であるギリシャ神話のヘラ、ローマ神話のユーノーの花だった。ギリシャ神話によると、ゼウスは人間の女性との間にもうけた息子を不死身にするために、薬で眠らせたヘラの神聖な乳を赤ん坊に与えた。驚いて目覚めたヘラは、赤ん坊を突き飛ばし、その拍子に乳が空と大地に飛び散って、空には天の川ができ、地上にはユリが花開いたという。

歴史の鏡は曇っていて、事実をありのままに伝えているわけではない。こと古代のユリの話に関しては、語り手が感じたままに伝えられている。テラ島とクレタ島の「ユリ」は、実際には *Pancratium maritimum* という、美しく香りの良い、スイセンに似た花だったのではないかとも指摘されている。同様に、ウェヌスの逆鱗に触れて外観を損なわれた花（p.6を参照）は、ニワシロユリ *L. candidum* ではなく、いかにもペニスらしい外観をもつカラーリリー *Zantedeschia aethiopica* だとする説もある。しかし、真実がどうあれ、大きく白いユリの花が人間の想像力を捉えることは間違いない。

キリスト教の到来により、女性の神聖な純潔という、キリスト教独自のイメージがもたらされ、早い時点から、バラとユリ（最初は赤だったが、後に白い花）が聖母マリアの象徴となる。現在聖母マリアの象徴として採用されているのは、圧倒的にニワシロユリ *L. candidum* であり、それゆえにマドンナリリーとも呼ばれている。

純潔と豊穣のシンボルとして定着したニワシロユリ *L. candidum* は、教会にとっての新たな重要性を帯びてくる。ユリは、キリスト教の旧約聖書でも新約聖書でも言及される。尊者ベーダ（673年頃～735年）（イングランドのキリスト教聖職者・史家）は、貞節の象徴である白い花びらと、ユリの中心部の葯から発せられる神聖な光について熱心に記述した。キリスト教は、キリスト教以前から存在する異教の優位に立つにつれ、祭日など、異教のさまざまな習慣を取り入れた。ユリについても、キリスト教と異教の融合という背景を考慮して考えると興味深い。

象徴としてのユリには、純潔と多産を同時に表す花としての二面性がある。処女懐胎、もっと正確には奇跡の無原罪懐胎（無原罪の御宿りともいい、聖母マリアは懐胎の瞬間から、神の特別な恵みによって原罪の汚れを一切受けていなかったとする、カトリック教会における教義）という、繰り返されるテーマがある。ヘラは、浮気性の夫ゼウスに業を煮やし、自分一人の力でヘーパイストスという子をもうけた。一方、未婚のマリアは、大天使ガブリエルから、神の子をみごもると聞かされて驚いた。

ルネサンス期までに、ユリはキリスト教の象徴として揺るぎない地位を築いていた。レオナルド・ダ・ヴィンチが描いた『受胎告知』（1472年頃）の中で、天使は季節外れに奇跡的に咲いた聖母のユリを持って現れる。その30年ほど前に、ジョバンニ・ディ・パオロは、果物やバラ、ユリで満ちたエデンの園からアダムとイヴが大天使ミカエルにより追放される場面を描いている。こうして2人の画家は、天使が持つ聖母のユリとしてだけでなく、真の楽園の花としてのニワシロユリ *L. candidum* の地位を確実なものとした。

復活祭のユリ（イースターリリー）

　スウェーデンの博物学者カール・ペーテル・ツンベルクは、1777年に日本の南部（琉球諸島）でテッポウユリ*Lilium longiflorum*（リリウム　ロンギフロルム）を発見したとき、そのユリが栄光の道を歩むことになろうとは思いも寄らなかっただろう。ユリは好機を伺いながら、ヨーロッパを目指して西へ向かった後、イギリス領バミューダ島に到着する。そこで名前を変え、人々の心をつかみ、バミューダリリーとして大量に栽培されるようになった。ところが、ウイルスによってバミューダ島における収穫が打撃を受けると、日本が代わりに主要生産国となる。

　しかしその時点ではすでに、アメリカで復活祭のユリ（イースターリリー）の人気が急上昇していた。キリスト教の言い伝えによると、キリストが十字架に磔（はりつけ）になったとき、キリストの血と涙が落ちた場所からユリが育ったという。キリストの復活を祝って、教会と祭壇が白いユリで飾られるのはそのためだ。華麗なトランペット咲きのユリが新しい命と希望、そして春そのものを歓迎する。

　1880年代に、バミューダ島を訪れたトーマス・サージェント夫人は、咲き誇る美しいユリを見つけた。魅了された彼女は、フィラデルフィアの自宅に球根を持ち帰り、地元の育苗家で、そのユリの可能性を理解したウィリアム・ハリスにいくつかの球根を託した。聖母のユリ（マドンナリリー）とよく似たこのユリは、球根を定温処理（休眠処理）することにより、復活祭の時期である3月から4月に強制的に開花させることができるのだ。だんだん人気が高まり、少なくともアメリカでは、復活祭になくてはならない花となった。

　1941年の真珠湾攻撃により、日本とアメリカの貿易が中断されると、復活祭のユリ（イースターリリー）の価格が急騰する。しかし、アメリカ人のお気に入りの花に、新しい供給元が思いがけなくも現れた。

　ルイス・ホートンという軍人は、第一次世界大戦から帰還するときに、オレゴンに住む園芸仲間たちのために、スーツケース1個分のテッポウユリ*L. longiflorum*の球根を持ち帰った。彼らアマチュアのユリ栽培家は、突然、儲かる商売の種を手にしたのである。ユリは'ホワイトゴールド'と命名され、商売は大繁盛した。1945年までに、オレゴン周辺のユリ栽培業者は推定で1200に達し、今なお大規模栽培の中心地となっている。

　テッポウユリ*L. longiflorum*よりも早く、正当な復活祭のユリ（イースターリリー）の座を手に入れようとしたものがいた。ヴィクトリア朝に大量に栽培されていた*Zantedeschia aethiopica*（ザンテデスキア　アエティオピカ）、俗名カラーリリーである。1916年にアイルランドの首都ダブリンでイースター蜂起が発生したことを受け、1920年代にカラーリリーは、蜂起で命を落とした共和主義者の戦闘員を追悼するシンボルにもなった。カラーリリーのモチーフは、それ以来、アイルランド人のコミュニティーにおいて重要な意味を持っている。

政治を象徴する「オレンジリリー」

　ヨーロッパの自生種で、数百年にわたりガーデンの主役となっている*Lilium bulbiferum*（英名オレ<ruby>Lilium<rt>リリウム</rt></ruby> <ruby>bulbiferum<rt>ブルビフェルム</rt></ruby>
ンジリリー）は、現在私たちの目を楽しませてくれているアジアティック・ハイブリッドに、寛大にも遺伝
子を提供してくれた。本種が帰化したオランダでは、「ニシンユリ」や「ライ麦ユリ」と呼ばれている。と
ころが、このユリにはなんの罪もないが、政治的に悪名高い花となった。

　オレンジの色合いから、オレンジ公ウィリアム（イングランド王ウィリアム3世）の象徴に選ばれ、
1660年代の若き王子の肖像画に描かれている。ウィリアム3世は、妻メアリー2世とともに、イングランド、
アイルランド、スコットランドの共同統治者となり、サリーのハンプトン・コート宮殿で贅沢に暮らした。

　1690年7月、プロテスタントのウィリアム3世と、カトリックの前王ジェームズ2世の両軍がボイン
川の戦いで対決し、プロテスタントが勝利したことを受けて、7月に開花するオレンジリリーは新たな
意味合いを帯びた。18世紀の終わりにオレンジ・オーダー（ロイヤル・オレンジ・インスティトゥーショ
ンの通称で、プロテスタントの国際的な友愛会）が結成されたとき、オレンジリリーと、スウィートウィ
リアムという英名をもつアメリカナデシコとがシンボルに採用され、毎年7月12日に行われる戦勝記念
パレードが始まった。カトリックとプロテスタントの対立は、「厄介事」（北アイルランド問題を指す婉
曲表現）としてくすぶり続け、最終的に1998年の正金曜日合意（ベルファスト合意）により解決に至った。

ガーデンに進出

　園芸植物は、個人から個人へと手渡され、ゆっくり拡散することによって自然に移動する。しかし政治が絡んでくると、状況は様変わりする。大国が同盟を結んだり、政治的便宜のために、入植者や探検家、布教者や収集家が新しい植民地へ繰り出すとき、はるか異国の地から持ち帰られた多くのものは、貴重な宝として、あるいは新規な流行り物として手に入れる価値があるとみなされやすい。

　16世紀、神聖ローマ帝国とオスマン帝国との間で、外交的友好関係が断絶した。オスマン帝国で1554年から1562年まで神聖ローマ帝国大使を務めていたオージェ・ギスラン・ド・ブスベックは、オスマン帝国で見つけた庭園にとても驚き、多くの珍しい球根を持ち帰った。その中に、トルコの在来種*Lilium chalcedonicum*（リリウム カルケドニクム）も含まれていた。この品種のユリの花びらは、巻き上がってそり返り、ターバンにも似た、丸みを帯びた花型を作る。もしかしたら、「タークスキャップリリー（トルコ帽ユリ）」という英語の俗称が生まれるきっかけとなった花なのかもしれない。

　南北アメリカ大陸の植民地化とともに、さらに多くの新しいユリが現れた。1600年代初期に、カナダのフランス人入植者は、柳のように細くしなやかで優美な*L. canadense*（カナデンセ）（英名カナダリリー）をヨーロッパに送り、続いて、アメリカ大陸の他の自生種、草丈の高い*L. superbum*（スペルブム）（英名スワンプリリー）、壮麗な*L. pardalinum*（パルダリヌム）（英名レパードリリー）、変種の多い*L. philadelphicum*（フィラデルフィクム）が18世紀から19世紀にイギリスに到着した。

　収集家は、極東の植物にも熱い眼差しを投げかけていたが、中国と日本は、堕落した西洋の影響力と侵略を警戒して国境を固く閉じていたため、18世紀の終わり頃になって初めて、合法的にせよそうでないにせよ、数種類のユリが紹介され始めた。

　19世紀の草分け的な植物ハンターは、植物関係者の世界で有名になった。ウィリアム・カーは、オニユリ*L. lancifolium*（ランキフォリウム）をキュー王立植物園に送付した。オーガスティン・ヘンリーは同僚にオレンジ色のユリ（キカノコユリ）を送り、それが後に*L. henryi*（ヘンリイ）（p.142を参照）と命名される。カール・ペーテル・ツンベルクはテッポウユリ*L. longiflorum*（ロンギフロルム）（p.74を参照）を見つけ、フィリップ・フランツ・フォン・シーボルトはカノコユリ*L. speciosum*（スペキオスム）を採取した。また、ジョン・グールド・ヴィーチはライバルを制して、1862年頃にヤマユリ*L. auratum*（アウラトゥム）（p.89を参照）を発見。外観といい、草姿や香りといい、「ユリの女王」という愛称にふさわしいヤマユリは、すでに蔓延していたユリに対する情熱に拍車をかける結果となった。

　20世紀の幕開けとなったのは、アーネスト・チャイニーズ・ウィルソンによる、リーガルリリー*L. regale*（レガレ）の発見だ。危うく命を落としかけた、ゾクゾクするような冒険の賜物である（p.167を参照）。さらに、およそ50年後、波乱万丈の人生を歩んだフランク・キングドン-ウォードとその妻で旧姓マックリンのジーンが、インド北部の山頂で*L. mackliniae*（マクリニアエ）に遭遇した。

次世代のユリ

　植物学に対するヴィクトリア朝の情熱は伝説と化している。向こうみずな男たちが世界中を駆け巡り、植物園に次々と送り込んだ新種は、それを眺める人すべてを楽しませ、驚かせた。

　しかし、植物を1箇所に集めると、遅かれ早かれ雑種が現れる。自然に発生することもあるが、大抵は自然を改良したいという抑えられない人間の欲求の結果である。ユリは素晴らしい花だが、気まぐれで栽培するのが難しいという評判を得ていた。また、心が躍る花ではあるが、高価で、しかも数年で枯れてしまう可能性が高い。必然的に、潤沢な資金を持つ園芸家が競うように栽培技術を高めていった。そこへ、育てやすいリーガルリリー*Lilium regale*（リリウム レガレ）が現れると、価格が下がり、高いスキルがなくても、人気の高いユリという花を栽培できるようになったのだ。

　交配の研究はすでに水面下で行われていたが、1869年には、フランシス・パークマンという、ボストンに住むアマチュア園芸家が、ヤマユリ*L. auratum*（アウラトゥム）とカノコユリ*L. speciosum*（スペキオスム）の交配に成功した。それに続き、1920年代に発表された有名なベリンガム・ハイブリッドなど、他の交配種も作出されていく。交配は加速度的に進歩し、より鮮やかでより華やかな、そして何よりも重要なこととして、より育てやすいユリを求める試みが第二次世界大戦までに本格化していた。

ユリの革命に大きな弾みをつけた人物は、ヤン・デ・グラーフだ。彼は1930年代の終わりに、原種と当時入手可能だった交配種の中から、最も美しい花型をもつ品種を集め、所有する育苗場オレゴン・バルブ・ファームで、大規模な交配プログラムを開始し、1941年に金脈を掘り当てた。その金脈こそ、現在も流通している'エンチャントメント'だ。その後も粒選りの名品が続々と発表された。彼の遺した、育てやすく、華やかで、多彩なユリたちは、それ以来世界を席巻し続けた。

1989年のデ・グラーフの死に際して寄せられた新聞の死亡記事は、『*Horticulture*（園芸）』誌の記事を引用して、彼の業績を要約している。「デ・グラーフは厳密な大量交配により、栽培不可能な、協調性のない庭園貴族といわれたユリの評判を覆すことに成功し、ユリを育てやすい格好の園芸植物に変えた」

現代のユリ

ユリの交配種の歴史と系統は、聖書並みに複雑だ。初期の育種家は、手に入る原種を出発点とした。しかし、1950年代に育種は劇的に加速し、画期的な発見や、急激な進歩、無数の新しい系統が次々と発生した。系統の全容をわかりやすくするために、イギリス王立園芸協会が作成した9系統からなる分類体系が、1963年には北米ユリ協会にも採用され、現在国際的に受け入れられている。

交配種をめぐる複雑な状況はその後も変わっていない。これまでに「The International Lily Register（国際ユリ登録簿）」には1万5千品種以上が登録され、それより多くの未登録の交配種が存在。園芸品種の人気は変動し、毎年新しい品種が市場に登場する。

ヤン・デ・グラーフによる偉大なる名品'エンチャントメント'に代表される、耐寒性と耐病性に優れたアジアティック・ハイブリッドが、世界中で交配の中心となり、現在も商業的に大きな成功を収めている。その後、耐病性に優れたオリエンタル・ハイブリッドがしばらくの間、聖杯の座を維持していた。ところが、20世紀半ばにオーストラリアとニュージーランドが世界のユリ栽培をリードすると、両国の育種家の努力により、より耐寒性に優れた品種の交配親が供給された。さらに、育種家レスリー・ウッドリフによる画期的な新品種、伝説的な'スターゲイザー'（p.107を参照）が誕生する。

初期の品種は異系交配可能な個体間の交配に頼っていたが、こうした組み合わせは多数あったものの、特定の種どうしでは育種できないという自然の障壁がある（p.19を参照）。近年では化学処理や胚培養により、この障壁は大幅に克服され、新しい交配種が生まれている。例えば、大きな花と軽い香りで高く評価されているオリエンペットは、以前なら交配不可能だったオリエンタル・ハイブリッド系とトランペット・ハイブリッド系のユリが交配親だ。

ユリの交配

　ユリの交配は、親どうしが近縁種であれば、異種交配して、生殖能力のある子が生まれる可能性が高い。例えば、北米の2種のユリを掛け合わせる方が、北米のユリと東アジアのユリを掛け合わせるよりも、交配が成功しやすいのだ。

　成功しない原因は多数考えられるだろう。子の配偶子(花粉や子房など)が不稔性の場合。または親種どうしの染色体の数が異なる場合。ユリは通常、24本の染色体が12対になって並ぶ2倍体染色体だが、3倍体染色体(36本)や4倍体染色体(48本)もある。あるいは、花粉粒が花柱を下降して子房に向かうときに、移動できる距離が限られているといった、機能上の問題かもしれない。

　交配種には親種よりも生命力の強いものが多い。種子または花粉を提供する親種を、病気に対する耐性や長寿などの特徴によって選抜すれば、こうした特徴をもつ種を作出できる。また、色や形など外見の特徴も、同じように選抜育種が可能だ。

　現代の交配種は、ガーデンで丈夫に育つことを目的に育種され、全て外見も育ち方も全く同じクローンだ。原種や自生するものは、普通は種子により繁殖し(少なくともある程度は)、このために自然変異が発生する。個々の個体は長生きしない可能性があり、野生では、その代わりに苗や小さな球根が継続的に生じる。

香り

　数千年にわたり、ユリはその芳香のために珍重されてきた。人々を喜ばせ、誘惑し、そして不快な匂いを隠す道具として。しかし、至高の魅力の一つとして心地よい芳香をもつ品種もあれば、嗅覚を攻撃する武器として強力な悪臭を放つ品種もある。

　香りは極めて主観的であり、ある人にとっては心地よいユリの香りも、別の人には強烈に感じられるかもしれない。ほのかな香りでも長く持続し、ユリの香りを過剰に嗅ぐと吐き気や頭痛の原因になると報告されている。つまり、部屋を満たすうっとりするような素晴らしい香りが、無防備な訪問者を攻撃する可能性もあるのだ。

　ユリの芳香にどれほどの威力があるかを推察するには、系統の原種に遡らなければならない。あまり香らない原種もあるが、ニワシロユリ*Lilium candidum*とリーガルリリー*L. regale*の香りには、強力なパンチ力があり、ヤマユリ*L. auratum*や、それほど有名ではない、チョウセンカサユリ*L. tsingtauense*とウコンユリ*L. nepalense*も同様だ。カノコユリ*L. speciosum*はほのかな香りだが、マルタゴンリリー*L. martagon*の軽い麝香の香りは、芳香と感じるか悪臭と感じるかは人それぞれで、意見が分かれる。

　万人向けの品種もある。香りに敏感な人には、アジアティック・ハイブリッドや、アジアティック・ハイブリッドとテッポウユリ*L. longiflorum*との交配種なら、ほとんどあるいは全く香りを感じないだろう。*L. pardalinum*（英名レパードリリー）やキカノコユリ*L. henryi*などの品種も同様だ。一方、オリエンペット系やテッポウユリは心地よい繊細な香りだ。逆に、強い香りをお望みなら、ニワシロユリ*L. candidum*は、濃厚な強い香りを発散する。オリエンタル・ハイブリッドもどことなく不快な強いスパイス臭をもつ。

ユリの構造

　真のユリであるユリ属は、ユリ科に属する。ユリ科には、ユリ属の近縁のバイモ属、ウバユリ属、ノモカリス属をはじめ、広範な植物が含まれる。ユリは北半球が原産で、*L. nanum*のように、ほとんど栽培されていない小型の高山植物から、北アメリカの湿度の高い草原で見られる*L. superbum*（英名スワンプリリー）、灼熱の地中海東部が原産のニワシロユリ*L. candidum*までさまざまだ。

　原産地がどうあれ、地下の球根から茎が伸び、花をつける。球根は、植物に必要なエネルギーを蓄える器官で、根元で繋がった鱗片が緩やかに集まってできている。ユリの球根には同心円状に鱗片を増やすものと根茎を伸ばして新しい鱗茎をつけるものがある。ヨーロッパやアジアに自生するほとんどの種は前者で、親球の鱗片の内部に新しい子球が発達する。*L. wilsonii*とウコンユリ*L. nepalense*は例外で、地下に匍匐茎を伸ばして新しい小球根を発達させる。

　根茎形成型の球根は、*L. canadense*（英名カナダリリー）や*L. superbum*（英名スワンプリリー）などアメリカ大陸の原種によく見られる。この場合、親球は根茎を水平に伸ばし、その末端に新しい小球根が発達する。このプロセスが繰り返され、かなり大きなコロニーが形成される場合もある。*L. pardalinum*（英名レパードリリー）は若干異なり、多年性の肉厚の親球の側面に接するようにして子球の大きな塊が形成される。

　ユリの葉は普通、先が尖っていて小さい。葉のつき方には、二列互生と輪生の他、一部のユリには螺旋葉序（互生の一種）もある。球根から遠ざかるほど葉は小さくなる。

螺旋葉序　　　　　　　輪生葉序

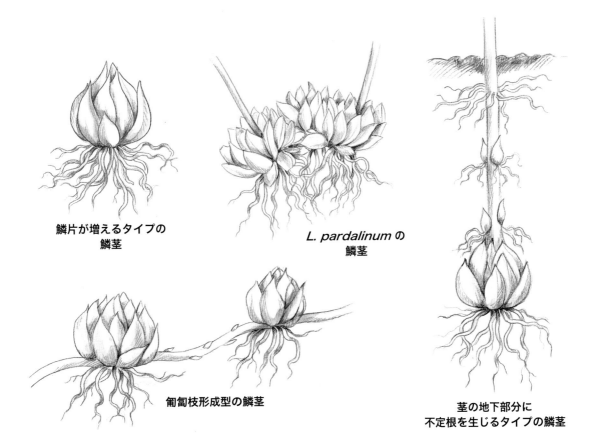

鱗片が増えるタイプの
鱗茎

L. pardalinum の
鱗茎

匍匐枝形成型の鱗茎

茎の地下部分に
不定根を生じるタイプの鱗茎

種子鞘

種子

葉が茎と接している部分(葉腋)にむかご(珠芽ともいい、わき芽が養分を貯え肥大化した栄養繁殖器官)をつける品種がある

ユリの構造

　夏になると、茎の先端に花がつき(頂生)、茎1本に花を1個だけつけるもの(単生)もあれば、複数の花をつける総状花序(長く伸びた花序軸に花柄をもった多数の花を房状にほぼ均等につけるもの)や散形花序(花序軸の先端から多数の花柄が放射線状に伸びて多数の花をつけるもの)もある。

　ユリ科の植物は、6枚の花びら(萼片と花弁を区別できないため厳密には花被片と呼ばれる)が生殖器官を囲み、子房は花の根元にある。柱頭と雄しべは突出し、葯は明るい色の花粉を豊富につける。花の向きはさまざまで、ユリの分類に利用されている(p.23を参照)。種子鞘の大きさと形は種によって異なるが、極めて装飾的な形状のものもある。

花のつくり

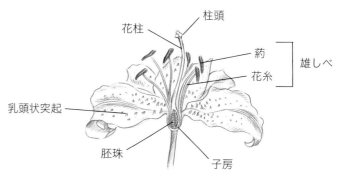

柱頭
花柱
葯
花糸
雄しべ
乳頭状突起
胚珠
子房

ユリの分類

　率直に言うならば、ユリの分類はちょっとした頭痛の種だ。一般に、ユリは親の系統にしたがって1〜9のグループに分類され、さらに一連のアルファベットで花の向きと形を表す。

　この分類の目的は、園芸家の参考になるように、各品種にどんな習性があるかを示すことにある。香りの有無、必要な用土は酸性か、あるいは石灰耐性があるか、木子を生成するかどうかなどの情報があれば、栽培に役立てることができる。

分類1(アジアティック・ハイブリッド):アジアに分布するスカシユリ系の交配種。花期は早生(初夏)で、散状花序をつけ、ほとんど無香。

分類2(マルタゴンリリー系ハイブリッド):マルタゴンリリー*L. martagon*またはタケシマユリ*L. hansonii*などを一方の親とする交配種。花被片が強く反り返った手鞠形(反捲形)の花をつけ、香りのする花もある。

分類3(ユーロ＝コーカサス・ハイブリッド):ニワシロユリ*L. candidum*や*L. chalcedonicum*をはじめとするヨーロッパ原産種から派生した交配種。しばしば手鞠形の花をつけ、香りのする花が多い。

分類4(アメリカン・ハイブリッド):アメリカ大陸の原産種を親とする交配種。花は手鞠形が最も一般的だが、漏斗形もある。香りのする花も若干ある。

分類5(テッポウユリ系ハイブリッド):主にタカサゴユリ*I. formosanum*とテッポウユリ*L. longiflorum*から作出された交配種。花は大きく、トランペット形や漏斗形で、甘い芳香をもつものが多い。

分類6(トランペット＆オーレリアン・ハイブリッド):中国原産のキカノコユリ*L. henryi*とリーガルリリー*L. regale*を主とする、アジア原産種から派生したトランペット系の交配種。大抵は芳香があり、花型はさまざまで、トランペット形、椀形、反曲、あるいはほぼ扁平。

分類7(オリエンタル・ハイブリッド):日本原産のヤマユリ*L. auratum*、ササユリ*L. japonicum*、オトメユリ*L. rubellum*、カノコユリ*L. speciosum*などの系統の交配種。普通は芳香があり、花型はさまざまで、トランペット形、椀形、反曲、あるいは扁平。

分類8:他の区分に属さない品種群

分類9:原種およびその変種と園芸品種

動物に対する毒性

　ユリとペットは相性が悪い。人間は球根を食用にし、野生のウサギは球根をかじっても無事だが、ユリのどの部位も猫に対しては毒性をもつ。犬に対する毒性はやや弱いが、何を植えるにしても、ペットに対して危険を孕んでいることを頭に入れておくべきだ。

　猫が少量でもユリを摂取すると、腎不全を引き起こす。猫は葉を食べる可能性があるが、花は特に有毒で、毛皮についた花粉をなめるだけでも、重大な中毒の原因になり得る。ユリ中毒が特に問題になるのは、ユリを室内で栽培していたり、ユリの入った花束を家に持ち込む場合だ。ペットにも植物にも十分な大きさの庭があるなら、花粉が愛猫の毛皮につかないように、個々の花のつき方に応じて、傾いている花を切ったり支えたりしよう。

　ユリ中毒の症状には、吐き気(食べたユリのかけらを吐き戻すこともある)の他、活動性の低下、食欲不振、尿が出ないといった腎不全の兆候がある。もし、ペットの猫がユリと接触した可能性があるのなら、躊躇せず、直ちに獣医に連れて行こう。

　詳細はwww.rspca.org.uk(イギリス王立動物虐待防止協会のホームページ、英語)を参照。

上向き

横向き

トランペット形

手鞠形

花の向きと形を示す文字を「a/b」のように表示する。最初の文字は花の向きを表す。

a/　上向き

b/　横向き

c/　下向き

2番目の文字は花型を表す。

/a　トランペット形

/b　椀形

/c　扁平

/d　反曲

したがって、美しいキカノコユリ *L. henryi*（ヘンリィ）は、9 c/dと表され、原種で下向きの反曲した花をつけることがわかる。

この表示方法の問題は、膨大な種間交配にある。たとえ親の系統がわかっていても、花型と向きはそれほど明確に分類できないケースもあり、現代の美しいユリたちの多くは、こうした習慣に直面して肩をすくめるしかないだろう。そこで、できるだけありのままの姿を伝えるために、分類群を表す数字の後に、最大で6文字分の文字と記号を使って「a-b/c-d」などと記述されている。

熱心な人は、命名体系を調べるのに夢中になって、思う存分に楽しい午後を過ごせるかもしれない。しかし、ほとんどの人にとっての楽しみは、ユリを育てることであり、分類にあまりとらわれすぎない方がいいだろう。

ユリを取り入れた
ガーデン設計

　庭植えにするとき、ユリはこの上なく使い勝手がよい。周辺の植物の間に入り込む能力は比類なく、品種は限りなく存在する。華やかなもの、協調性のあるもの。多年生植物のボーダー花壇（境栽花壇ともいい、建物や塀などに沿った帯状の花壇）の定番で目立つもの。点々とした日陰をうまく縫うようにして育つものや、趣味よく塗装された壁やフェンスを背景にして完璧に引き立つもの。小さな庭や大きな庭、高山植物の花壇、あるいは庭園であれ、どんなガーデンにもそれにふさわしいユリがある。

　日当たりを好むニワシロユリ *L. candidum* は例外として、一般にユリは夏には湿度を、冬には水はけの良さを好み、水浸しになるのを嫌う。土壌のpH値（詳細はp.191を参照）に気をつけるべき品種もあるが、自宅の庭の土壌と、栽培したいユリの特性をよく理解したら、とにかく試してみよう。

　コテージガーデンでは、バラやスイートピー、クレマチス、スイカズラにユリを組み合わせると壮麗だ。ユリは、ボーダー花壇では他のカラフルな多年草と引き立て合い、熱帯の雰囲気の花壇にも使える。寄せ植えや灌木からなるボーダー花壇に草丈の高い品種を植えると、ユリの花が支えられ、面白みが生まれるため、うまくいくことが多い。

　自然な趣のガーデンには、優雅な手鞠形の花が秀逸だ。明るい森林を縫うようにマルタゴンリリーやキカノコユリ *L. henryi* を植え付けると、絵画のように美しい初夏の風景を楽しめる。あるいは、草原を再現したガーデンに *L. pyrenaicum*（英名イエローターククスキャップリリー）や、タケシマユリ *L. hansonii*、*L. pardalinum*（英名レパードリリー）を点在させれば、自生地に似た環境になじんで繁殖し、目を見張るような美しい眺めになるかもしれない。

花粉の落とし方

　ユリの花粉で布地に染みができた場合、洗濯して落とすのは逆効果だ。コツは、表面に乗っている花粉をできるだけ払い落としてから、日光に当てること。絶対に濡らしてはいけない。数時間日光に当てると漂白され、まるで染みなどなかったかのように見えるだろう。

オリエンタル・ハイブリッドのユリは石灰質を嫌うため、石灰を使って土壌の酸性を和らげることはできないが、酸性の土壌ではツツジ科の植物と混植するとよい。ヘザー（ギョリュウモドキ属）やアザレアと組み合わせたり、ドウダンツツジ属やエウクリフィア属などの灌木や低木の下に植えよう。

野生では、オリエンタル系のユリは、概して人里離れた、岩場の多い険しい山や、海岸線の岩場の隙間にたまった腐植土に生える。小さく軽やかな品種は、ロックガーデンに意外な面白みを付与したり、高山植物用の大きなトラフ（元々は石製の飼い葉桶[＝トラフ]に穴を開けて園芸に転用したもの）に夏の間できる隙間を埋めるのに適している。

ユリの鉢植え

みずみずしいユリをぎっしり植えた鉢植えをテラスに置くととても華やかで、ごく小さな中庭のガーデンでさえ、見る人を感動させる景色になる。また、自宅の土壌の条件やpH値がユリの栽培に適していない場合、ユリの球根を育てるには鉢植えが最適だ。ただし、植木鉢に排水用の穴があることと、水をやりすぎないことが大切だ（p.199を参照）。

小型の品種は室内用にも使える。家の中に運び、日向を避けて涼しく明るい場所に置くだけでよい。ただし、ペットに関して常に注意すべきこと（p.23を参照）や、花粉による染みができる恐れがあることをお忘れなく。感じの良い植木鉢カバーや簡易な受け皿があれば、植木鉢を置く場所を保護できる。

ボーダー花壇がぎっしり植え込まれているほどガーデニングに熱心な方のために、とっておきの裏技を紹介しよう。ユリの球根を秋に鉢植えし、少量の緩効性肥料を与えて成長を助け、春になったら鉢から出して好きな場所に植えるとよい。

切り花として

単一品種でも、色や花型の異なる品種をうまく組み合わせても、あるいは花束に混ぜても、ユリは切り花として素晴らしい。ここ数十年、フローリストの間では、上向きの花をつけるアジアティック・ハイブリッドの人気が高まっている。主な理由は、包んで持ち運ぶのに適した形だからだ。しかし自宅で育てる場合には、彫刻のようなニワシロユリ（マドンナリリー）や、軽やかで構造的な手鞠形のユリを花びんに生けると、どちらも見事で意外性がある。

相性の良いユリを束にするとシンプルで印象的だが、安定感のある厚底の花びんに一輪挿しにすると、自己主張の強いアレンジメントになる。あるいは、バラとオオミドリボウキ、ジギタリスとハゴロモグサ属（アルケミラ）とツタ類の組み合わせなど、ユリとよく合う葉物とユリを引き立てる花で囲むとよい。鮮やかな色をもう一色加えたいなら、ガーベラとスプレーマムを使おう。もし、花粉による染みが問題になりそうなら、小さなハサミで葯を取り除くこと。

自宅の多年草のボーダー花壇に植えたユリを切り花にする場合、球根に栄養が供給されて肥大し、翌年も開花するように、茎と葉を十分に残すことを忘れずに。また、切り花専用の区画を作るなら、消耗の激しい球根に栄養と十分な手入れが行き届く場所か、毎年植え替えられる場所を検討しよう。

ユリの摘み方

ユリを摘むタイミングは、最初の蕾がちょうど開き始めるとき。残りの蕾は、翌日から数日かけて順番に開くだろう。摘んだらすぐ、きれいな水を張ったバケツに入れるとしおれにくい。

茎の下方についた葉は必ず取り除くこと。時々花びんの水を替え、その際に茎の先を少し切り落とすとよい。暑い季節には、花びんの水に漂白剤か酢をほんの一滴混ぜると、バクテリアの繁殖を遅らせることができ、花が長持ちしやすい。手間をかけてやり、涼しい場所に保管すれば、2週間ほど持つ。

欧米のユリ関連協会と組織

アメリカ
北米ユリ協会：ほぼ各州に会員を持ち、世界中に窓口がある。アメリカとカナダの各地に支部がある。
www.lilies.org

イギリス
王立園芸協会（RHS）ユリ支部：ユリに関する理解と、栽培および保存を促進することを目的とする。
www.rhslilygroup.org

ヨーロッパ
デンマーク・アイリス＆リリークラブ：アヤメ科、ユリ科、キスゲ亜科、その他のユリ綱の植物に関する知識を促進する。
www.dils.dk（デンマーク語）

ヨーロッパユリ協会：専門家と愛好家に会報やユリ展覧会、種子リストを提供する会員制組織。
www.liliengesellschaft.org（ドイツ語）

チェコユリ協会：ユリとユリを栽培したい愛好家とを結びつけることを目的とする協会。
http://martagon-lilie.cz（チェコ語）

南半球
ニュージーランドユリ協会：ユリの魅力を学び見出すことをサポートする、愛好家のコミュニティー。
www.lovelilies.nz

南オーストラリア・ユリ属および球根協会：ユリ園芸家に専門的なアドバイスとコツを提供する。
https://liliumbulb.org.au

オークランドユリ協会：ユリ栽培に関するコツとアドバイスを共有する団体。
http://www.facebook.com/AucklandLilySociety/

北西タスマニアユリ属協会：タスマニア島の北西沿岸を拠点とする小さなグループで、ユリ属に興味を持つ人たちを応援し、情報を提供し、サポートすることを目的とする。
https://liliestasmania.com.au.camlilies.com.au

Elegant and Dainty
優美な花、可憐な花

Soft Music
ソフトミュージック

'ソフトミュージック'は、豪華な花が好きな人にぴったりのユリだ。白い花にくっきりと斑をつけるのではなく、ピンクと黄色にほんのりと染まった色調といい、緩やかな曲線といい、開きかけの花びらの中心部にある突起の周辺に、繊細な点描画法のような小さな斑点が散りばめられている様子といい、まるで箸より重いものを持ったことがない人のように、どこを見ても優雅さが滲み出ている。

この花は退廃的とも言えるほど豪奢だが、紛れもなく特別な花だ。花嫁の花束や、淑女の私室（ブードワール）に入り込み、まるでそこが自分の居場所であるかのような顔をする。新たに母となった女性を歓迎し、愛情に満ちた恋人の代わりに、愛され、育まれる人に向かって語りかける。

'ソフトミュージック'は長持ちし、花粉がなく、非常に美しい。自分を労ることを思い出させてくれる花であり、周りの世界を美しく、かぐわしくする。ワインと愛と花、そしてありとあらゆる美しいもので満ちた世界に。

Lilium 'Soft Music'
[花の種類] 椀型、八重咲き
[分類] 7
[平均草丈] 1〜1.5m
[花の大きさ] 大
[色] 白地に黄色が差し、淡いピンクの覆輪が入る
[花期] 7月以降
[香り] ほのかな香り
[用土] 石灰分を含まない肥沃な土壌
[ガーデンで] おしゃれな夏らしいテラスでコンテナに植えると美しい
[切り花として] 豪華で魅力的、テーブルの中央を飾る装花に最適

Ariadne
アリアドネ

'アリアドネ'は古典的な花で、この手鞠形のユリのもつ、洗練された雰囲気に勝るものはなかなかない。ピーチカラーとピンクの小さく可憐な花が、丈の高い茎の周りに優美にぶら下がる様子は、高価な細線細工のクリスマスツリーや、枝付き燭台を思わせる。

'エロス'(p.71を参照)とともに「ノース・ハイブリッド」として知られるアリアドネは、アジアティック・ハイブリッド系のユリで、クリス・ノース博士により作出された。ノース博士はスコットランドを拠点に、寒天培地でユリの胚を培養する研究に多大な努力を費やした。本種の交配には、*Lilium lankongense* と *L. davidii* の遺伝物質が使用された。後者は、子にウイルス耐性を与えることがわかっている。

ギリシャ神話によると、ミノス王の娘アリアドネはテーセウスと恋に落ち、ミノタウロス退治に向かうテーセウスに力を貸す。恐ろしい迷宮に入ったら糸を繰り出し、帰りに糸をたどって脱出できるようにと、糸玉を手渡したのだ。古の他の勇敢な女性たちとユリとの関係になぞらえたくなるが、ノース博士のギリシャ神シリーズのユリには、'ユーリディス'、'アドニス'、'テーセウス'、'パン'があり、おそらく彼は、想像力を刺激する、非常に強力な名前を自分の選りすぐりの植物につけるのが好きなのだろう。

Lilium 'Ariadne'
[花の種類] 手鞠形
[分類] 1
[平均草丈] 1.2〜1.8m
[花の大きさ] 小
[色] 淡く、くすんだバラ色
[花期] 夏の半ば
[香り] 軽い香り
[用土] 良質の園芸用土であればよい
[ガーデンで] ボーダー花壇の奥に植えると秀逸であり、暗い茂みや対照的な色の塗装面を使って引き立てると、主張の強い花になる
[切り花として] 美しいが、花序軸が非常に長いため、高さのある花びんが必要

Salmon Star
サーモンスター

新しい植物の命名は、2種類の方法が主流になっている。一つは古代の神々や愛する家族など、何か大切なものに因んで命名する方法。独特な才能の持ち主で著名な園芸家・育種家のイザベラ・プレストン(1881〜1965年)は、第二次世界大戦で配備された連合軍の飛行機(戦闘機シリーズ)と、カナダのオタワ市の中央実験農場で一緒に働いた秘書たち(速記者シリーズ)に因んだ名前を自分のユリにつけた。もう一つは、植物を観察して受けた印象を名前にする方法である。

2番目の命名法は枚挙にいとまがない。下向きの花を咲かせるスノードロップ'グランピー(不機嫌な人)'、リンゴ'レザーコートラセット(茶色い革コート)'、アジサイ'グラムロック'(1970年代初めにイギリスで流行した、派手なメイクや衣装を特徴するロックの一種)などが

その例だ。また、本種に関しては、新しく作出したこのユリを育種家がじっくり眺め、花の中心部にオレンジを帯びたピンクの星形があることに気づき、「よし、'サーモンスター'がいいだろう！」と考えたのではないだろうか。

ありがたいことに、この花には魚臭さは全くない。大きく開いた優雅な形の花は空を見上げる。白い花びらを染める淡いサーモンピンクとアプリコットの色調は、ピンクを帯びた赤の濃い斑点と、葯の花粉の鮮やかなジンジャーカラー(赤毛の色)によって和らげられている。

とりわけ素晴らしいのは、丈が実に低い点だろう。このため小さなスペースに最適で、支柱が不要であり、日向のコンテナ植えに優れている。

Lilium 'Salmon Star'
[花の種類] 上向きと横向き、椀形
[分類] 7
[平均草丈] 40〜75cm
[花の大きさ] 特大
[色] 白地にアプリコット色とサーモンピンクが差す
[花期] 晩夏
[香り] 非常に強い芳香
[用土] ツツジ用の水はけの良い用土
[ガーデンで] 丈が低いため、一段高くなった花壇やコンテナに最適
[切り花として] 美しく独特

Natalia
ナタリア

柔らかく甘美な色調で花粉のないナタリアは、育てやすく、オリエンタル・ハイブリッドのローズリリー® シリーズの優れた広告塔だ。

はっきりと凹み、やや尖った花びらは、小粋に重なり合う一方、外縁はフリルのように波打つ。甘い香りは室内に持ち込んでも強すぎず、八重咲きでラズベリー色の波打つ花は、花束でもボーダー花壇でも、他の植物とよく合う。

ガーデンでは、比較的コンパクトなため、植栽の前列に理想的だ。日向でも半日陰でもよく、支柱がなくても大丈夫だろう。

単独で植えても十分に楽しめるが、多くの花をつけるナタリアは、他の植物とも合わせやすい。鉢植えでも素敵で、ダリアやサルビアなど季節の花壇の傍らに置けば、晩夏のパティオに彩りを添えてくれるはずだ。

Lilium Roselily Natalia®
[花の種類] 上向き、椀形、八重咲き
[分類] 7
[平均草丈] 70〜90cm
[花の大きさ] 大
[色] ピンク
[花期] 夏の半ばから晩夏
[香り] 上品な香り
[用土] 水はけの良い弱酸性の用土
[ガーデンで] ずんぐりしてコンパクトなため、ボーダー花壇の前列に植えたり、お揃いの植木鉢に植えてドアの両側に置き一体感を出そう。
[切り花として] 部屋を明るくする

Lilium leichtlinii

リリウム　ライヒトリニイ

コオニユリ

コオニユリ Lilium leichtlinii が栽培されるようになったのは、偶然の出来事だった。19世紀の終わりに、イングランド南西部のヴィーチ育苗園に納品されたヤマユリ L. auratum の中に、どういうわけかこっそり紛れ込んでいたのだが、同園ではこのユリを育て、栽培し続けた。園芸家とはそういうものだ。

美しいコオニユリは、花びらの鮮やかなレモンイエローが、黒褐色の多数の斑点によって和らげられ、葯も斑点と揃いの色。どちらかというと派手ではなく、地味な花だ。斑点が縞状に並び、ネコ科動物を思わせるが、トラよりもトラネコのイメージ。

日本原産で、特に、本州中部の八ヶ岳とその周辺など、山地や湿気の多い地域の草地に多く見られる。黄色い花をつける「模式種」(属の基準とされる種)は、ドイツ人園芸家のマックス・ライヒトリンに因んで名付けられたが、オレンジの花をつける、はるかに広く見られる変種 L. leichtlinii var. maximowiczii がある。日本全国に自生し、ウラジオストクなど各地で報告されているこの変種の方が、実は原種なのではないかとも考えられる。コオニユリが偶然イギリスに到着したことよりも、積荷に紛れ込んでいたのが、珍しい黄色のユリだったことは本当に驚きだ。

元々珍しいために、コオニユリは栽培品種としてもそれほど普及していないが、きちんと探せば、扱っている業者が見つかるはずだ。鱗茎は匍匐枝を伸ばし、茎の地下部分に不定根を生じる。花序は直立し、長く丈夫な花柄の先端に、6輪ほどの可憐な花をつける。

酸性の土壌が必要で、半日陰に植え、できるだけ多くの腐葉土をかける。土壌になじめば、適度な大きさの茂みを形成するだろう。

Lilium leichtlinii

[花の種類] 垂下し、花びらは強く反曲

[分類] 9

[平均草丈] さまざまで、大体1〜1.4m

[花の大きさ] 小

[色] 鮮やかなレモンイエローに黒褐色の斑点

[花期] 夏の半ば

[香り] 無香

[用土] 有機物をたっぷり加えた酸性の用土

[ガーデンで] 自然な趣のガーデンに、軽やかな雰囲気のグラス類や、柔らかな色調のロマンチックな花と一緒に植えると美しい

[切り花として] 花びんに生けると非常に洗練された雰囲気を醸し出す

Polar Star
ポーラースター

'ポーラースター'は、人気に十分見合う価値のある植物の一つだ。いわば古典的な見目麗しさと本質的な華やかさに恵まれ、人目を引くことは間違いない。

色合いは、何にでも合わせやすいピスタチオ色と象牙色のミックス。花は大きく豪華で、花粉がないためドレスやインテリアを損なう心配がない。中心線に沿って折り畳まれるようにすぼまった長い花びらは、緩やかにカールし、甘い香りを放つ。フォーマルな印象を与えると同時に、たっぷりと風を孕んでいるように見える。

少々違和感を覚えるとしたら名前だ。つまらない粗探しをするようだが、花型は星というよりも、ふんわりとした美しい羽根ばたきのよう。夜空に輝く北極星のもつ、凍てつくような白さはない。もし本当に北極星に因んでいるのなら、定冠詞(the)が必要なのでは？

とはいえ、このユリには一応、北極に通ずるところがある。青みや緑みを帯びた色合いは、氷河や海食洞に差し込む、強力で不気味な光を思わせる。完全な白ではないその色は、雪の上を歩き回るホッキョクグマの透明感のある毛並みが、巧みに光を捉えてあちこちに反射し、クマが雪で覆われた環境にカモフラージュする光景を喚起させる。

自然は素晴らしいものなのだから、あれこれ疑問を抱くべきではないのかもしれない。'ポーラースター'はただただ美しい、豊かな、八重咲きのオリエンタル・ハイブリッドなのだろう。結婚式に最高で、葬儀にもふさわしく、どんな場面でも歓迎される。

Lilium 'Polar Star'
[花の種類] 上向きと横向き、フルダブルの八重咲き
[分類] 7
[平均草丈] 70〜100cm
[花の大きさ] 大〜特大
[色] 白
[花期] 晩夏から初秋に入っても開花する
[香り] 極めて甘美
[用土] 湿り気があり、水はけの良い、石灰分を含まない用土
[ガーデンで] フロックスや遅咲きのバラ、アスターなどの季節の白い花や、シルバーリーフや淡い青緑色の葉物と一緒に、白を基調にしたガーデンに加えると見事
[切り花として] 爽やかで明るく、花瓶に生けると秀逸で、陰鬱さを微塵も感じさせない

Guinea Gold
ギニアゴールド

比類のないこのハイブリッドは、実に美しい園芸植物だ。斑模様の花がゆったりとした間隔で塔を作り、茎から花柄を伸ばしてぶら下がる姿は、チリンチリンと音を立てる繊細な金色の鈴のよう。薄緑色の葉がまばらに散りばめられた茎の下から上へと、蕾がスローモーションのさざ波のように順に開いていく。

アンティークのギニー金貨の小金色を基調とする色合いは、クレームシャンティを詰めたブランデースナップ（薄焼きのビスケットを筒状に巻いたイギリスの伝統菓子）にカシスソースを散らしたかのようで、花それ自体は食欲をそそられる。シナモン色の斑点と金箔のような縁取りで飾られた、究極の豪華さをもつ花だ。

ガーデンで育てやすく、時間はかかるかもしれないが、株がよく増えるはずだ。林縁風の設定に絶好だが、日向にも半日陰にも植えられる。沈みゆく夕日を浴びる場所に植えると、とりわけ美しい。

Lilium×dalhansonii 'Guinea Gold'

[花の種類] 手鞠形
[分類] 2
[平均草丈] 1.1〜1.4m
[花の大きさ] 小
[色] 淡いブロンズ色を帯びた古金色
[花期] 初夏から夏の半ば
[香り] 軽い麝香臭
[用土] 水はけの良い良質の園芸用土であればよい
[ガーデンで] 古典的なコテージガーデンのボーダー花壇に最適
[切り花として] 優雅で非常に洗練された雰囲気

Sorbonne

ソルボンヌ

オリエンタル・ハイブリッドの'ソルボンヌ'は、ふんだんに花をつける、香りの良い素晴らしいユリで、イギリスの伝統菓子シュガーマウスや、マシュマロ、ドラジェ（アーモンドを糖衣で包んだお菓子）、ピンクシュリンプ（エビの形をしたラズベリー風味の柔らかい菓子）などなど、子供の頃に魅了された、たくさんのお菓子の色そのもの。その佇まいは、陽光やバラ、そして昔ながらのユリを呼び起こさずにはいられず、時が逆戻りして、おばあちゃんのコテージガーデンが蘇り、再び花に囲まれているような気分になる。

決して恥ずかしがり屋の内気な花ではない。どの花もとびきり大きくて目立つ。各花びらの中心を走るマゼンタの筋と、散在する乳頭状突起の上や周辺に散りばめられた強烈な深紅の斑点が、持ち前の甘美な印象を和らげている。

ソルボンヌという名前は、上品で洗練されたイメージを醸し出す。ソルボンヌは、13世紀にパリ大学が設立されて以来、パリ大学の代名詞だった。建物や大学、地域の名称として、知性と研究と文化の中心としてのソルボンヌの役割が繰り返し言及されてきた。近年、パリ大学が再編され、ソルボンヌ大学が創設された。19世紀の著名な卒業生に、放射線の研究で名高い科学者のキュリー夫人がいる。

Lilium 'Sorbonne'

[花の種類] 上向き、大きく開いた形
[分類] 7
[平均草丈] 1〜1.5m
[花の大きさ] 特大
[色] ピンクとラベンダー色
[花期] 夏の半ば〜晩夏
[香り] 軽い香り
[用土] 弱酸性
[ガーデンで] 日陰の境界部分に沿って植えると、本種の爽やかで軽やかな花が際立ち、美しい差し色になる
[切り花として] 古典的な美しさ

Lilium canadense var. coccineum
<small>リリウム　　　　　　　　　カナデンセ　　　　　　　　　　コッキネウム</small>

syn. American Meadow Lily

カナダリリー、アメリカンメドーリリー

北アメリカ東部原産の*Lilium canadense*<small>リリウム カナデンセ</small>は、カナダのケベック州から、アメリカのペンシルバニア州、アラバマ州まで広い分布域をもつものの、決してありふれた植物ではない。アメリカ原産のユリの中で、最初にヨーロッパ沿岸に到着した記念すべき種だ。人気の高い品種だが、必ずしも育てやすいわけではない。

自然の環境では小川に近いジメジメした森林を好み、非常に暑い夏でさえも根の周辺にたっぷり水分があり、球根を腐らせない十分な排水性も備えた場所に生育する。耐寒性に優れ、冬の雪をものともしない。ガーデンでは、大量の腐葉土を加えた酸性の用土に深く植え付け、決して乾燥させないことが大切だ。

栽培に関しては完全に従順とは言えないものの、このユリは最高に美しい。茎は直立し、その茎を縁取るように緑の葉が規則的に輪生する。

適度な間隔で並ぶ花は、垂下する鐘形で、その優雅な装いは、極めて豪華でしゃれたデザインの、アールデコ調のランプシェードを思わせる。

野生の個体は色合いが幾分異なるが、栽培品種の*L. canadense*<small>カナデンセ</small>は、普通は鮮やかな黄色で、中心部にエアブラシで描いたような細かい斑点がある。一方、赤い変種の*L. canadense* var. *coccineum*<small>カナデンセ　　コッキネウム</small>も美しい。花はやはり遠慮がちにうつむき、花びらは後屈せずラッパ形に広がる。鮮やかなルビー色が主体の複雑な色合いで、花茎に接する箇所で深みを増し、青紫色を帯びたスレートグレーに変わる。

Lilium canadense var. *coccineum*

[花の種類] 下向き、鐘形

[分類] 9

[平均草丈] さまざまで、大体1mほど

[花の大きさ] 小

[色] 豪華で深みのある赤

[花期] 盛夏

[香り] 無香

[用土] 湿り気があり、大量の腐葉土を加えた酸性の用土

[ガーデンで] 森林風のガーデンにツツジ科の植物の茂みに沿って植えると最高。匍匐枝を伸ばすため、コンテナには向かない

[切り花として] 非常に優美だが、美しすぎて摘むのが憚<small>はばか</small>られる

Corsage

コルサージュ

'コルサージュ'はなかなか人脈がある。というのも、ユリ育種界の巨匠、ヤン・デ・グラーフによりオレゴン・バルブ・ファームで作出されたからだ。'エディスセシリア'と'レモンクイーン'を初めて交配したときに生まれた苗の一つであり、この組み合わせから作出された品種は、アジアティック・ハイブリッドの中でも、豊かな色彩からハーレクイン・ハイブリッドと呼ばれるようになった。

同じ時代に生まれた多くの品種は姿を消したが、1961年に登録された'コルサージュ'は今なお健在で、世界中のガーデンで愛され、鑑賞されている。

繁殖力と生命力に加え、'コルサージュ'は他にも素晴らしい特徴がある。横向きの花は、先端が美しくくすんだバラ色で、中心に向かうにつれ色褪せて薄紅色からクリーム色に変わり、ラズベリークラッシュ（清涼飲料の一種）のようなみずみずしい斑点で彩られている。突出した上向きの雌しべも先端はピンクだが、本種は花粉をつけない不稔性で、葯の痕跡は淡いクリーム色だ。

他のアジアティック・ハイブリッド同様、'コルサージュ'は酸性の土壌を嫌うため、アルカリ性の石灰質か、少なくとも中性の土壌でない場合には、コンテナ植えが最適だ。

Lilium 'Corsage'

[花の種類] 横向き、やや扁平な椀形

[分類] 1

[平均草丈] 1〜1.2m

[花の大きさ] 小

[色] ラズベリー色とクリーム色

[花期] 初夏から夏の半ば

[香り] 無香

[用土] 水はけの良い、中性かアルカリ性の土壌

[ガーデンで] 古典的な美しい外観をもつ、魅力的で繊細なユリであり、ほとんどの植栽計画にすんなり溶け込む

[切り花として] 優雅そのもので花粉もない

優美な花、可憐な花

Helvetia
ヘルヴェティア

スイスを象徴する'ヘルヴェティア'は、古典期風の装いの厳かな女性として描かれる。髪を編み上げ、ひだがたっぷりついた長い外衣を纏い、槍と盾を握る姿は、イギリスの女神ブリタニアに似ているが、ヘルメットではなく月桂樹の冠を被っている。

古典的に描写されているものの、ヘルヴェティアという名前は、実はヘルウェティイ(Helvetii)族というケルト民族に由来する。ローマの支配下になる前のスイス高原周辺を拠点にしていた民族だ。現在のヘルヴェティアの寓意像は、300年ほどの間にいくつかの寓喩が融合して徐々に形成されていった。

一国を詩的に体現する花にふさわしく、風格と誇りを感じさせる。花びらの外縁は波打ち、先端がくるっと巻き上がる。花は純白で、蜜線と雄しべ、主脈にごく淡い緑が差す。

香りの良い'ヘルヴェティア'を黒かチャコール色のコンテナに単独で植えると、フォーマルな場面で存在感を放つ。あるいは、白とピンクの花と組み合わせても美しさが際立つ。

Lilium 'Helvetia'
[花の種類] 上向き、花びらは後屈
[分類] 7
[平均草丈] 1〜1.2m
[花の大きさ] 特大
[色] 白
[花期] 夏の半ばから晩夏
[香り] 非常に香り高い
[用土] 酸性の土壌で最もよく育つ
[ガーデンで] ボーダー花壇の前列近くやコンテナに植えると美しい
[切り花として] 結婚式のカスケードブーケ(滝が流れるようなデザインの花束)に加えると秀逸

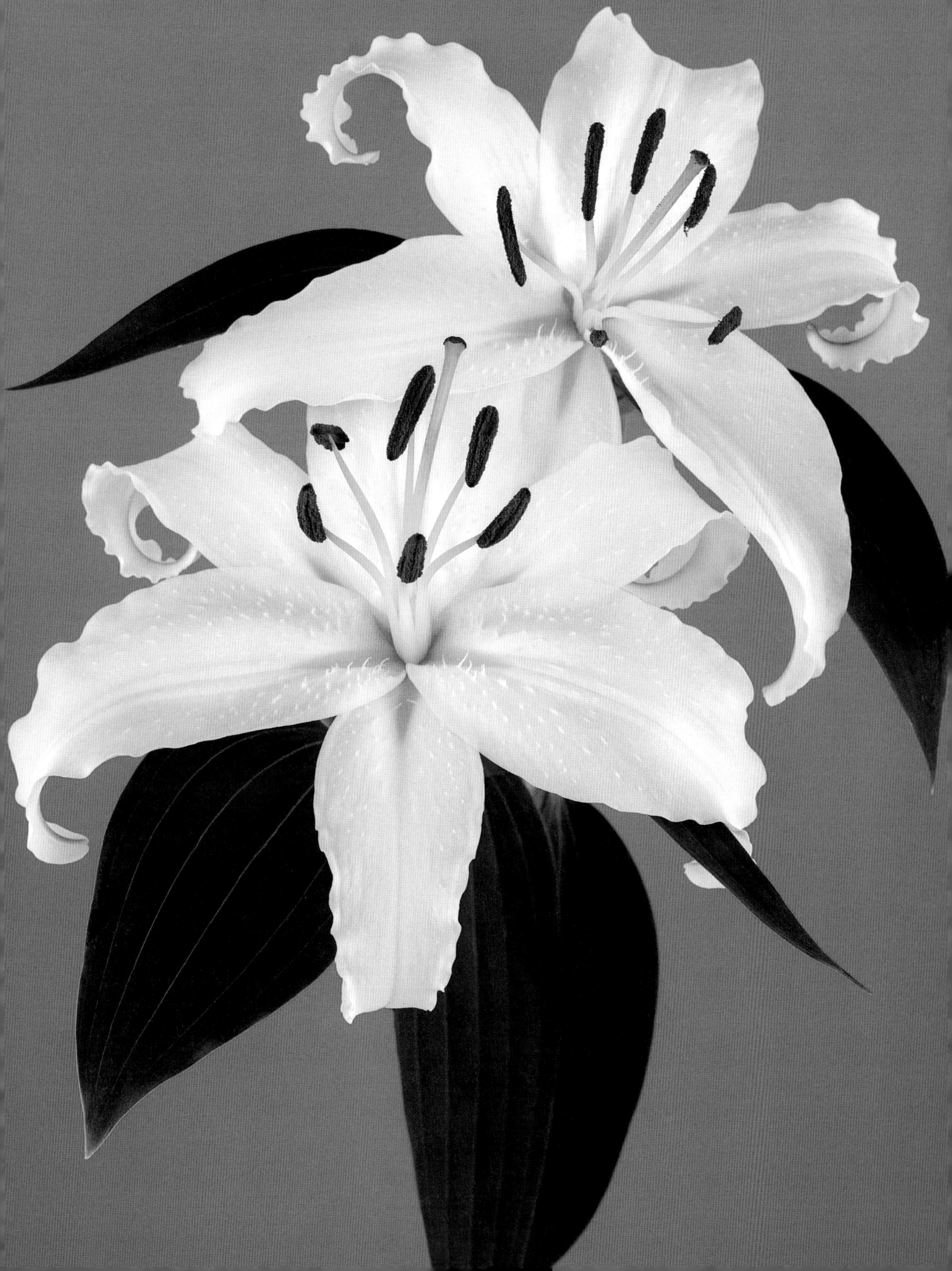

Claude Shride

クロードシュライド

マルタゴンリリーはヨーロッパが原産で、その園芸品種の'クロードシュライド'は、1980年以前に発表されて以来、モダンクラシックなデザインが愛されている。

ガーデンでは、目立ちながらも優美な佇まいだ。総状花序の小さな花をつけ、個々の花は、ダムソンプラム色の球体が開いたかのようである。よく見ると、花の中心部に金色の筆跡とマホガニー色の点描が入っていて、突出した雄しべも同じように金色の色調だ。

'クロードシュライド'は、1年ほどは機嫌が悪く、開花しないかもしれないが、時間とともに見応えのある大きさに育つ。尖塔の形にゆったりとついた花は、ぶら下がって、じっとしたり震えたりする、エキゾチックなチョウの群れのようだ。

風雨を避け、半日陰の肥沃で水はけの良い土壌に植えよう。pH値は中性からアルカリ性が理想的。

Lilium martagon 'Claude Shride'
[花の種類] 下向き、花びらは手鞠形に強く反曲。
[分類] 2
[平均草丈] 1〜1.8m
[花の大きさ] 小
[色] 濃い深紅にオレンジの斑が入る
[花期] 初夏
[香り] 芳しい、爽やかな柑橘系の香り
[用土] 水はけの良い用土。育てやすいが、中性からアルカリ性の土壌を好む
[ガーデンで] 黄緑色のユーフォルビアやパープルのアリウムと合わせると美しい
[切り花として] 最適。オレンジやピンクの花を引き締めるのに使おう

Albufeira

アルブフェイラ

心の奥底に留まっている記憶や印象を刺激する、喚起力に富む美しい'アルブフェイラ'のそばにいると、いつの間にか至福の空想の世界に入り込んでしまう。

花は香りがよく、とても大きいが、最も強く心を捉えるのは、ピンクと白の美しさと、味わい深い名前だ。

名前の由来であるアルブフェイラはポルトガルの小さな町で、ヨーロッパ大陸の南海岸に位置する。この古い町は、紺碧の海と空を背景にした、白とパステルカラーの街並みで有名だ。太陽が沈むとき、お菓子のような色調が桃色の夕焼けによって強められ、より鮮や

かに、より強いバラ色に輝く。そんな景色に包まれて、暖かい砂の上をそぞろ歩いたり、屋外で冷たい飲み物を飲んだ思い出は、いつまでも心に留めておきたくなるだろう。

本種は庭植えにすると丈夫に育ち、花びんに生けても美しい。テッポウユリ L.longiflorum とアジアティック・ハイブリッドを掛け合わせたこのユリは、理想化された美しい地中海のイメージを湛えていて、寒さの厳しい地域に住む人たちを、待ち望んでいた休日の楽園へと運んでくれるだろう。

Lilium 'Albufeira'

[花の種類] 上向き、開いた椀形

[分類] 8

[平均草丈] 1.2m

[花の大きさ] 大

[色] くすんだピンクと白

[花期] 初夏から夏の半ば

[香り] 軽い香り

[用土] 標準的な園芸用土であればよい

[ガーデンで] ボーダー花壇に植えると美しく、赤紫色のケムリノキ*Cotinus* 'Grace'や黒葉のセイヨウニワトコ*Sambucus nigra* の前に植えると色が際立つ

[切り花として] 見事で、古典的な美しさが感じられる

Lilium candidum syn. Madonna Lily
リリウム　カンディドゥム

ニワシロユリ

いうまでもなく、ニワシロユリ*Lilium candidum*は古典的なユリだ。数千年にわたり文化的な重要性をもち（p.13を参照）、宗教活動を通じて、また、駐屯地でユリを栽培したローマ帝国の拡大に伴って、広範な分布域を形成した。その結果、今ではヨーロッパ南部と東部各地の生育に適した環境に広く帰化していて、本来の原産地は不明だが、コーカサス地域か中近東ではないかと考えられている。

学名の種小名*candidum*は、リンネによる命名であり、「輝く白」を意味する。英名には、アナウンシエーションリリー（受胎告知ユリ）、アセンションリリー（昇天ユリ）、バーボンリリー、フレンチリリー、ジュノーズローズ（ユーノーのバラ）、セントジョセフズリリー（聖ジョセフのユリ）など、多数の異名がある。花序には蕾が密生することもあるが（定着した株で最大20個）、同時に開花するのは数個だけだ。

栽培に関しては、ちょっと変わったユリだ。ユリは少々の日陰とある程度の湿り気を好む傾向にあるが、ニワシロユリは、暑い日差しがさんさんと降り注ぐ環境を好み、水がすぐにはけるアルカリ性の土壌でよく育ち、3cmほどの深さに浅く植える必要がある。また、寒さにはあまり強い方ではない。ユリには珍しく、夏の終わりにロゼット状（葉が地面にぴったりつくように放射線状に伸びた、バラの花のような形）の葉が形成されて越冬し、次の夏に花をつける。

この模範的なユリに欠点があるとしたら、*Botrytis*を病原菌とする病気にかかりやすく、腐敗してしまうことだ。殺菌剤を使用したくなければ、他のユリから離して植えてみよう。草丈の高い株は支柱で支えるとよい。

Lilium candidum

[花の種類] 開いたトランペット形
[分類] 9
[平均草丈] 1.2～1.8m
[花の大きさ] 中
[色] 極めて清涼感の強い白
[花期] 盛夏
[香り] 軽く上品な香り
[用土] 石灰質で水はけの良い軽い用土
[ガーデンで] 豊富に花をつける植物と一緒にボーダー花壇の後列に植えると、季節が進むにつれて葉の見栄えが悪くなるのを隠せる
[切り花として] 壮麗

Anouska

アノウスカ

コンパクトで豊かに花をつけ、庭植えでもコンテナ植えでも秀逸なローズリリー・アノウスカ® は、切り花としても完璧で香りがよく、祝い事や楽しい集いの場にぴったりだ。

繊細で非常に美しいこのユリは、八重咲きのオリエンタル・ハイブリッドで、先端が尖った幅広の花びらが層をなして並び、花びんに生けたスイレンの花束のような印象を醸し出す。色は豪華で、青みを帯びているかのような清浄な白を基調に、ピンクの覆輪が時にはかすかに細く、特には周りの純白に軽く流れ込むように取り巻いている。

他のローズリリーとは異なり、アノウスカにはほんの少しだけ花粉があり、花粉が問題かどうかは個人の好みによるが、花としては多くの理由でおすすめだ。

Lilium Roselily Anouska®

[花の種類] 上向き、椀形、八重咲き

[分類] 7

[平均草丈] 70〜90cm

[花の大きさ] 大

[色] 青みを帯びた白地にピンクの覆輪

[花期] 夏の半ばから晩夏

[香り] 有

[用土] 酸性の用土またはツツジ用の培養土

[ガーデンで] コンテナに植えると美しい

[切り花として] 美しい柔らかな中間色は結婚式に最適で、出産祝いにもふさわしいだろう

Eros
エロス

クリス・ノース博士により作出され、1977年に登録された'エロス'は、時を経た今もなお健在だ。アジアティック・ハイブリッドの本種は、不稔で3倍体染色体を持ち、複雑な親系統には、20世紀中頃に人気だった'シトロネラ'と'デスティニー'など、昔の定番の品種が含まれている。

花は美しく軽い芳香があり、先端のくすんだバラ色から中心部のオレンジへと変貌し、極めて濃いダークチョコレート色の斑点で飾られている。

'エロス'は真夏に開花し、青みを帯びた多数の蕾が長い棒のような茎に鈴なりにつき、茎の下から上に向かって1輪ずつ開花する。栽培に適した育てやすい植物で、他のユリに比べて暑さに強いらしい。また、この品種の名前を検索エンジンに入力するときは、ちょっと注意が必要。無関係な検索結果に多少ギョッとさせられても、あまりある魅力と佇まいをもつ花だ。

Lilium 'Eros'
[花の種類] 手鞠形
[分類] 1
[平均草丈] 1〜1.4m
[花の大きさ] 小
[色] プラム色〜珊瑚色
[花期] 夏の半ば
[香り] 軽い芳香
[用土] 良質の園芸用土であればよい
[ガーデンで] ボーダー花壇に植えても林縁に植えても美しい
[切り花として] 美しく可憐

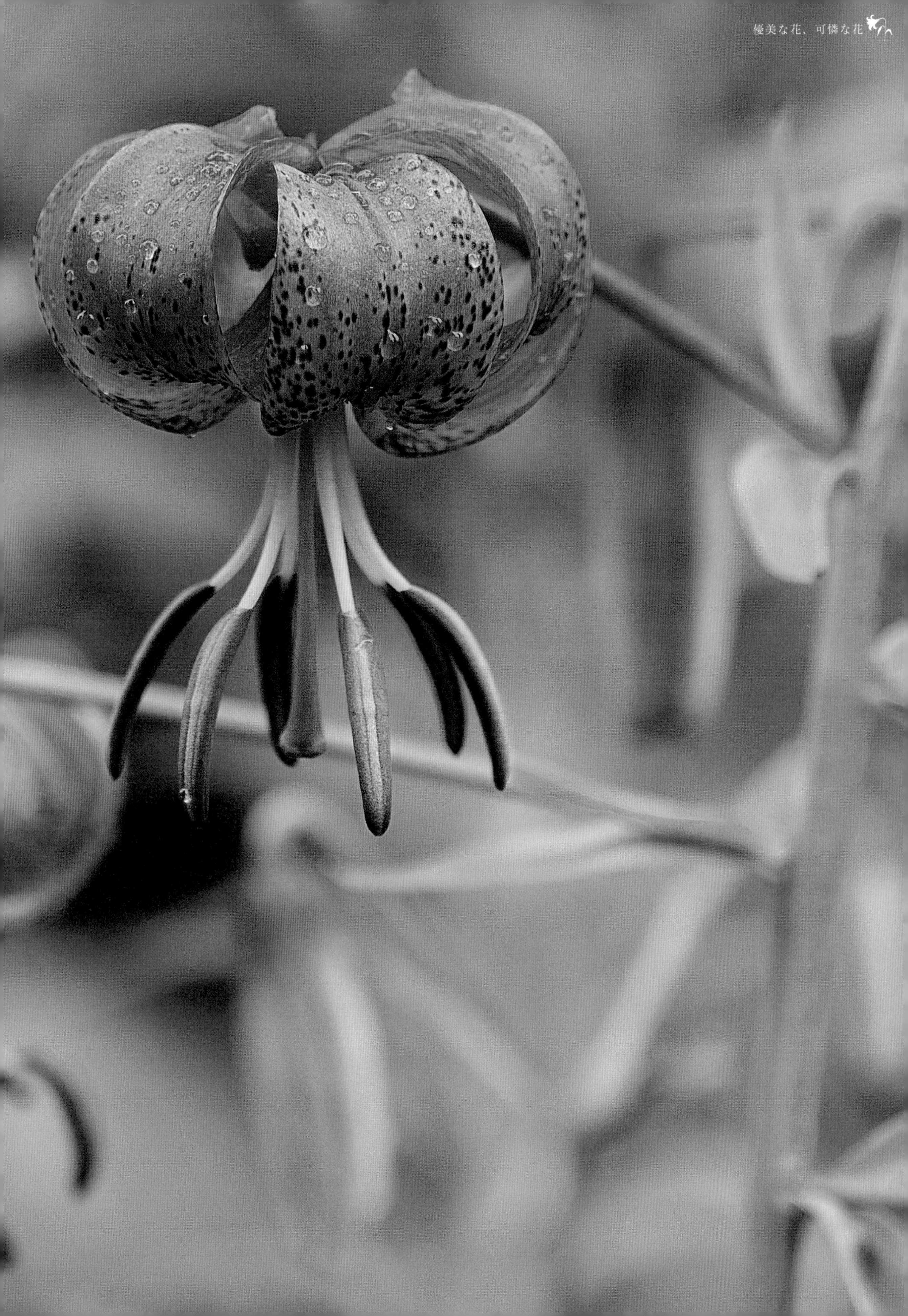

Lilium longiflorum

リリウム　ロンギフロルム

syn. Easter Lily, Bermuda Lily, Trumpet Lily

テッポウユリ

九州南部から南西諸島を経て台湾に至る、長細い分布域をもつテッポウユリ Lilium longiflorum は、魅力的で香りがよく、華やぎに溢れている。その上、キリスト教で希望と純潔、復活を象徴する復活祭のユリとして採用されたため(p.14を参照)、世界的に極めて重要な花としての地位を勝ち取った。

大きく美しい花は、艶やかな深緑色の葉に包まれた茎の先端に6輪ほどつく。白く長いトランペット形の花は、基部ではほのかな緑色で、先端に向かうほど色褪せて白くなる。一方、真ん中にある柱頭と雄しべ、葯は色褪せたバターイエローの色調を帯びている。

テッポウユリの原種と園芸品種は、自然に任せると夏に開花する(北半球の大半の地域では普通6月から8月)

が、復活祭に花盛りを迎えるには、球根を低温処理して強制的に開花させる必要がある。具体的には、鉢植えにした球根を低温に保ち(開花には寒冷な期間が必要だ)、成長期に入ったら、光量と気温を調整して開花時期をコントロールする。他の多くのユリとは異なり、本種は寒冷な気候における十分な耐寒性がない。

鉢植えのテッポウユリは、開花後に庭植えにしてよい。植木鉢から掘り上げる前に、徐々に気候に慣らしてから、根をほぐして地植えする。鱗茎は茎の地下部分に不定根を生じ、生育が回復するまでに数年間かかるかもしれないが、その時が来れば、通常の時期に開花するはずだ。一般に頑丈で支柱は不要。人気の園芸品種に'ホワイトヘブン'(White Heaven)と'ネリーホワイト'(Nellie White)がある。

Lilium longiflorum

[花の種類] 横向き、トランペット形

[分類] 9

[平均草丈] 1m

[花の大きさ] 大〜特大

[色] 純白が基部に向かうにつれシャルトリューズ色(明るい黄緑色)に変わる

[花期] 盛夏から晩夏

[香り] 甘美

[用土] 中性から酸性の湿った土壌を好むが、どうしても必要なら石灰質にもある程度耐えられる

[ガーデンで] 白や緑と美しく調和する。シダ類や、Nicotiana sylvestris(タバコ属)、Alchemilla mollis(ハゴロモグサ属)を試してみたり、中間色のピンクのフロックスやバラと組み合わせよう

[切り花として] 至高の美しさ

Wild and Wonderful
野生味あふれる花

Magic Star
マジックスター

派手で華麗、魔女の靴下のような縞模様の'マジック
スター'は、遠慮というものを知らない楽しい花だ。

オリエンタル・ハイブリッドの本種は、フルダブルの八
重咲きで、大輪の花を咲かせ、強くエキゾチックな芳
香に恵まれている。フリルのついた花びらは、薄紅色
が基調で、中央にマゼンタの筋が入る。どことなく、食
べかけのロック・キャンディー(海辺のリゾート地で売
られている固い棒状のキャンディー)を思わせ、散りば
められた濃い茜色のしぶきが華やぎを添えている。

丈夫な茎が誇らしげにつける一握りの花は、ボロボロ
の布を纏ったような装いで、深緑色の葉の上に直立す
る。庭植えでは支柱は不要で、部屋に飾ると極めて陽
気な印象になる。

もし、アザレアや矮性種(ドワーフタイプ)のシャクナ
ゲを育てているのなら、その華美な花がしおれた後を
引き継ぐように、近くに(日向でも日陰でもよい)'マジッ
クスター'を植えてみよう。あるいは、混植のボーダー
花壇に晩夏の面白みを添えるため、ダリア属'カーマ
チョコ'や、*Eupatorium purpreum*(ヒヨドリバナ属)、
グラス類の*Calamagrostis brachytricha*と一緒に
植えるとよい。

Lilium 'Magic Star'
[花の種類] 横向き、八重咲き
[分類] 7
[平均草丈] 70〜100cm
[花の大きさ] 大〜特大
[色] ピンク、ホットピンク、白
[花期] 晩夏から初秋
[香り] 美しい芳香
[用土] 肥沃で湿り気がある酸性の用土
[ガーデンで] パティオの植木鉢に植えると人目を引き、ピンクと白のデージー(ヒナギク)やフロックスと一緒にボー
ダー花壇を縫うように植えてもよい
[切り花として] 派手で個性的

野生味あふれる花

野生味あふれる花

Exotic Sun

エキゾチックサン

美しく香りがよく、ただ大きいだけでなく、文字通り華麗な花に恵まれた'エキゾチックサン'は、トランペットと八重咲きのオリエンタルから生まれた陽気なハイブリッドであり、両者の最も優れた長所を兼ね備えている。

実際、本種には、この世のものとは思えない美しさがある。ドラマチックかつ壮麗で、陽光が作り出した細線細工のようだ。カールした長い花びらは燃えさかる火の玉を思わせ、瞬間的にカメラに捉えられたか、恒久の時の流れが止まって凍りついたかのようである。

ガーデンでも花びんでも、'エキゾチックサン'は平凡とは無縁で、日向のボーダー花壇によく植えられる植物と合わせたり、淡いブルーや深緑色の間を縫うように植えると美しい。一方、別世界の魅惑的なソロを途切れなく奏でられるように、単独で植えると実に見事だ。

Lilium 'Exotic Sun'

[花の種類] 上向きと横向き、椀形、八重咲き

[分類] 8

[平均草丈] 1.2〜1.3m以上

[花の大きさ] 特大

[色] 柔らかな色調のレモンイエロー

[花期] 夏の半ば

[香り] 有

[用土] 良質の水はけの良い園芸用土。pH値は許容範囲が広い

[ガーデンで] 素晴らしい主役になる

[切り花として] 模範的

Saltarello

サルタレロ

頑丈な茎に最大8輪の花をつける、堂々たる佇まいの'サルタレロ'は、草丈が高いことからツリーリリーやスカイスクレーパーリリーと呼ばれる、比較的新しい品種の一つ。心地よい香りをもち、紛れもなくドラマチックだ。豪華で多くの花をつけることから人気の高い、オリエンペット(オリエンタルとトランペットの交配種)の一種。

長い花びらは後屈し、先端付近で軽く波打つ。色合いだけでも美味しそうで、バタースコッチとはちみつ、ピーチとマンゴー、トフィーソースをかけたバナナアイスクリームを思わせる。オレンジの色調は、成熟するとともに少し色褪せるが、どんな印象を持つにしろ、'サルタレロ'は口の中でとろけるように甘美な花だ。

イタリア語のSaltarelloは、中世とルネサンス期のイタリアで流行った活発なダンスで、それ以来、民族舞踊に取り入れられている。その名を冠した'サルタレロ'の花は、ボーダー花壇を舞台にスキップや高い跳躍を見せてくれるが、コンテナには少々大きすぎる。

Lilium 'Saltarello'
[花の種類] 上向きと横向き、椀形
[分類] 8
[平均草丈] 1.5〜2m
[花の大きさ] 大〜特大
[色] バタースコッチ色〜クリーム色
[花期] 盛夏から晩夏
[香り] 非常に香り高い
[用土] 水はけの良い、中性から弱酸性の用土
[ガーデンで] オレンジを帯びた黄色の鮮やかな色合いは、ヘレニウムやエキナセア(ムラサキバレンギク)など、夏に開花する多年草とよく合う
[切り花として] 花のサイズに見合う大きな花びんが必要で、かなり広い部屋に飾っても存在感がある

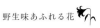

Kuchibeni

クチベニ

19世紀末にヤマユリ*Lilium auratum*（リリウム アウラトゥム）が紹介されたとき、西洋の園芸界は熱狂した。「ユリの王様」や「ユリの女王」という異名どおり、実に素晴らしいユリである。ユリの中で最大級の巨大な花は、晩夏から初秋に入るまで数週間にもわたって開花する。香りは濃厚で、びっくりするほど強烈であると同時に、クラクラして天にも昇る心地になる。

日本の本州地方が原産で、山地の林縁の、火山灰や溶岩れきの上に腐食土が薄く堆積した場所に見られる。和名は山百合。種小名*auratum*（アウラトゥム）は、ラテン語の「黄金」に由来し、ラズベリー色の斑点が入った白い花びらの中央を走る、黄金の輝きをもつ筋と、トラの金色の毛並みを思わせる装飾的な薬を指している。また、ジャパニーズ・ゴールデンレイリリー（黄金の陽光のユリ）という英名でも知られている。

初期の栽培者は、この至高のユリに肥料を与えすぎてたびたび失敗した。肥沃すぎる用土は病気や早枯れの原因になるのだ。自生地の山のような痩せた土壌と即時の排水性をまねて、冬は乾燥を保ち、夏の間は十分な水分と大量の日差しを与える必要がある。運が良ければ花をつけるだろう。

多くの優れた性質をもつヤマユリは、現代の多くのオリエンタル・ハイブリッドの親になった。ただし'クチベニ'はハイブリッドではなく、ヤマユリの変種サクユリの園芸品種であり、伊豆諸島で採取された野生の種子から成長した。ラズベリー色とシナモン色の豪華な筋が、主題である黄金の筋を飲み込むように囲み、より強烈なワインカラーの斑点は、ドラマチックで素晴らしい。自然自体が改良した黄金のユリだ。

Lilium auratum var. *platyphyllum* 'Kuchibeni'

[花の種類] 横向き、椀形
[分類] 9
[平均草丈] 1〜2m
[花の大きさ] 特大
[色] 白地に黄金と赤の筋
[花期] 夏の半ばから晩夏、初秋に入るまで
[香り] 非常に強い芳香
[用土] 痩せた、中性から酸性の水はけの良い用土
[ガーデンで] 絶好のフォーカルポイント
[切り花として] 豪華そのもの

Distant Drum
ディスタントドラム

優雅で洗練され、落ち着いた佇まいのユリもあるが、'ディスタントドラム'は雰囲気がまるで異なる。

花はほぼ上向きで、長い花びらには、バラ色とラズベリー色の筋や刷毛模様が入る。外縁では色褪せ、クリーム色を帯びた白っぽいピンクに、中央部では趣が変わりピスタチオ色になる。一瞬、'スターゲイザー'を彷彿させるが、同じオリエンタル・ハイブリッドでも、反抗的な八重の装いによって、ロングセラーの'スターゲイザー'を見劣りさせる。

'ディスタントドラム'は、パンクのサブカルチャーを深く吸い上げた花に違いない。この花がポップアートの旗手アンディ・ウォーホルとつるんだり、デヴィッド・ボウイやデボラ・ハリーの往年のヒット曲を口ずさん

だり、無謀にも、イギリスのパンクロッカー、シド・ヴィシャスとバーでおしゃべりしたり、トーヤ・ウィルコックスとヴィヴィアン・ウエストウッドからファッションのコツを伝授されたりする姿を想像できそうだ。

それと同時に、'ディスタントドラム'は美しく、とても香りが良く、おまけに花粉がないのもありがたい。生来の不協和音は単なる反響であり、因襲を打ち破ろうとする人のささやきであり、社会的変化の提案である。自由な精神の持ち主と夢想家、誇り高い人と情熱家の花。花びんに生けて存在感のあるアレンジメントにするのに最適で、芯の強い花嫁にぴったりの花だ。パンクロック風なのは確かだが、その上に完璧な美しさを備えている。

Lilium 'Distant Drum'

[花の種類] 横向き、八重咲き

[分類] 7

[平均草丈] 80〜100cm

[花の大きさ] 大

[色] ピンク

[花期] 夏の半ばから晩夏

[香り] 芳香がある

[用土] 腐植質に富み、石灰分を含まない用土

[ガーデンで] ボーダー花壇にカジュアルに植えたり、デッキで香りと美しさを楽しめるよう、大きなコンテナに植えよう

[切り花として] ピンクのバラや、くすんだオレンジのダリア、黄緑色のパニカムグラス、*Alchemilla mollis*（ハゴロモグサ属）と合わせると、美しく夏らしいアレンジメントになる

Sunny Azores
サニーアゾレス

オリエンタル・ハイブリッド系で鉢植えに適したこのユリは、リリールックス™の一つで、その中のサニーシリーズの一つ。同シリーズには、'サニーバハマ'、'サニーマルティニーク'、'サニーグラナダ'などがあり、そのほとんどが島に因んで命名されている。

常春の楽園、アゾレス諸島の名を冠した'サニーアゾレス'は、小さくて元気な植物だ。元々草丈が低くコンパクトなため、鉢植えにしたり、屋内に持ち込んで部屋を芳香で満たすのに最適だ。一方、ガーデンでは、支柱は不要で、さまざまな送粉者を引きつける。幸運にもハチドリの生育地に住んでいるのなら、ハチドリも訪れるだろう。

波打つ花びらの純白は、花の中心部の金色の輝きに照らされ、白い砂に降り注ぐ陽光や、常夏の楽園の島をやすやすと喚起させる。たくさんの球根を鉢植えにすると見応えがあり素晴らしい。あるいは楽園の休日というテーマを膨らませて、鮮やかな青やライムグリーンを添えてもよいだろう。

Lilium 'Sunny Azores'
[花の種類] 上向きと横向き、椀形
[分類] 7
[平均草丈] 35〜45cm
[花の大きさ] 大〜特大
[色] 白地に黄色
[花期] 夏の半ばから晩夏
[香り] 酔わせるような香り
[用土] 酸性の用土かツツジ用の培養土が最適
[ガーデンで] コンテナ植えに最適
[切り花として] 優美

Playtime

プレイタイム

オリエンタル・ハイブリッドは、見頃の頃には概して快活で社交的なイメージだが、少数の品種はその上を行く。そしてカリスマ性やドラマ性、人目を引く外見に関して言うと、「芝居の時間」という名の堂々たる花は、イギリスの伝統的喜劇のパントマイム(イギリス独特の演劇の形態で、歌やダンスなどが盛り込まれ、女装した男性と、男装したタイツ姿の若い女性が演じる大衆的なドタバタ喜劇)に通じるものがある。

もちろん、甘美な香りにも恵まれている。さらに、ダブレットとホーズ(ダブレットは上衣、ホーズは脚衣で、ともに中世の西欧で男性が着用した)の衣装を身に纏った役者が、両腕を大きく広げ、大股で舞台を横切るイメージを喚起させる花は、大きく豪華で、フリルのように波打ち、ちょっと過剰に感じられるほどだ。

より滑稽で際どい我らがヒーローは、ほんのわずかにウィドウ・トワンキー(パントマイム劇『アラジン』の登場人物)を思わせる。特別なご褒美のデザートを彷彿させる色合いは、バニラアイスクリームにラズベリーとバナナを混ぜたフルーツサンデーや、角切りのスイカを添え、シャルトリューズ(「リキュールの女王」とも称される、薬草系の秘伝のリキュール)を贅沢に振りかけたレモンライムシャーベットのようである。

'プレイタイム'は、舞台や映画、シットコム(シチュエーション・コメディの略で、登場人物や場面設定がほぼ固定された、テレビやラジオのコメディドラマ)のスターとなるべくして生まれたことは間違いない。注目を浴びるコンテナ植えが最も美しく、至福の花として、各地のフローリストのお気に入りだ。

Lilium 'Playtime'

[花の種類] 横向き、椀形
[分類] 7
[平均草丈] 1〜1.2m
[花の大きさ] 特大
[色] 白地に黄色とフューシャピンク(赤紫色)の筋入り
[花期] 夏の半ばから晩夏
[香り] 強い芳香
[用土] 酸性で水はけの良い用土
[ガーデンで] 紛れもなく主役級
[切り花として] 驚くほど美しい

Perfect Joy
パーフェクトジョイ

陽気な印象を与えるユリは多いが、'パーフェクトジョイ'は特に快活で、元気がほとばしるように感じられる。名前だけでも、何か天真爛漫な、純粋で屈託のないものを思い起こさせ、花自体にもそんなイメージを払拭する点は何一つない。

直立する丈夫な茎をもつ小型のユリで、茎の先端にふっくらとした緑の蕾をつけ、星形に大きく開いた花は、可愛らしく見上げて微笑む。白い花びらは先端がバラ色に染まり、花の中心部には点描のようなラズベリートリュフ色の斑点が点在し、その色と呼応する葯は、成熟するとくすんだ色の花粉をつける。

この小さなユリは、ピンクと白の色と形がぶつかり合い、栽培されたというより、描かれた花のようだ。とびきりキュートな漫画のキャラクターの、綿菓子のようなふわふわの髪、誇張された大きな目、ちょっと鬱陶しいほどの甘い表情が花と化したかのように思われる。

育てやすく、鉢植えに最適な'パーフェクトジョイ'は、よく似た品種の'ロリポップ'(Lollipop)と同様に、たっぷり日が当たり、適度に風雨を避けられる場所を好む。

洗礼式やベビーシャワー(出産前に妊婦を祝うパーティー)の花束に加える場合には、他のピンクと白の花と合わせると美しい。あるいは、ボーダー花壇でも花びんでも、プラム色やくすんだオレンジを加えると、甘ったるさを和らげられる。

Lilium 'Perfect Joy'
[花の種類] 上向き、椀形
[分類] 1
[平均草丈] 60〜80cm
[花の大きさ] 中〜大
[色] ピンクと白
[花期] 夏の半ば
[香り] 無香
[用土] 良質で水はけの良い用土
[ガーデンで] 草丈が低いため、コンテナ植えに適している
[切り花として] 非常に魅力的

Tiger Babies
タイガーベイビーズ

魅力あふれるこのユリは、30年以上前にジュディス・フリーマンにより作出されたロングセラーだ。彼女は受賞経験をもつ育種の専門家で、1970年代の終わり頃、園芸品種のユリの品揃えを多様化するため、胚培養という方法を用いてアジアティック・ハイブリッドの新品種の育成に着手した。そこで、耐寒性に優れ、生命力の強い'ピンクタイガー'と、直立するアジアティック系のユリが掛け合わされた。'ピンクタイガー'はレスリー・ウッドリフにより育種され、親系統には、リーガルリリー Lilium regale と L. tigrinum が含まれると言われている。フリーマンの研究の成果として、数々の有名な品種が発表され、タイガーベイビーズグループもその一つだ。

美しく可憐で印象的な、斑点がぎっしり入った花は、中央部の鮮やかなアプリコット色から、サーモンムース色を経て、くすんだピンクへと色褪せ、花びらの裏側の濃いピンクに至る。くしゃっとした仕上げのクラッシュベルベットを思わせる雄しべは、格好の良い花の真ん中に誇らしげに立つ。花の印象は洗練そのものであり、ガーデンでも花びんでも同じくらい使い勝手がよい。

球根をたくさん植えて、切り花にして室内を飾ったり、コンテナに植えてテラスの周辺に点在させよう。

Lilium 'Tiger Babies' (Tiger Babies Group)
[花の種類] 横向きと下向き、花びらは反曲し、輪郭は扁平
[分類] 8
[平均草丈] 50〜100cm
[花の大きさ] 中
[色] アプリコット色とカシス色
[花期] 初夏から夏の半ば
[香り] ほのかな香り
[用土] 肥沃で水はけの良い用土
[ガーデンで] 'タイガーベイビーズ'の優しい色合いは何にでも合うので、ボーダー花壇を縫うように植えたり、コンテナ植えで楽しもう
[切り花として] 古典的で優雅

野生味あふれる花

Nymph
ニンフ

芸術家とは得てして危険な人種だ。フランスの印象派の画家ピエール＝オーギュスト・ルノワールの有名な言葉がある。「描かれた裸体を指でつまめそうだと思えるまでは、決して作品が完成したとは思わない」。食傷気味の21世紀の視点では、この言葉は驚くには値せず、時代遅れの陳述の典型だ。とはいえ、絵画作品に描かれた裸体は、一般的に認識されているニンフの姿を非常によく伝えてくれた。ただし、その主体となったのはルノワールではなく、ラファエル前派の画家ジョン・ウィリアム・ウォーターハウスと彼の作品《ヒュラスとニンフたち》別名《ナーイアス》である。

この作品は、ギリシャ神話に基づき、青年ヒュラスが、ナーイアス（ニンフの一種で川や泉の妖精）に誘惑され、水中から二度と出られない運命に向かう場面を描いている。スイレンで満たされた泉の中で、悲劇の若者に訴えかけるニンフたちは、アラバスターのような白い肌に鳶色の髪とバラ色の頬をもち、哀願するような眼差しの美しい生き物だ。

'ニンフ'の名を冠した本種は、上品で落ち着いたこの魅力的な絵画を彷彿させる。肌色の色調はピーチ系のクリーム色で、各花びらの中央部を染める柔らかなバラ色がそれを引き立てる。一方、葉と蕾が作る緑の泉の中から現れる花は、やや上向きに見上げ、はにかんでいるようにも誘惑しているようにも見え、魅惑的でエキゾチックなシナモンの芳香を放つ。オリエンペット系のこのユリは、一旦土になじめば堂々たる草丈に成長する。

Lilium 'Nymph'
[花の種類] 上向き、椀形、花びらは反曲
[分類] 8
[平均草丈] 1.2〜2m
[花の大きさ] 特大
[色] クリーム色とピンク
[花期] 夏の半ば
[香り] かすかなシナモン臭のある強い芳香
[用土] 水はけさえ良ければ、酸性、中性、アルカリ性のいずれの用土でも育つ
[ガーデンで] ボーダー花壇の奥に植えると見事。草丈が高めの、ピンクとパープルのダリアと組み合わせてみよう
[切り花として] 非常に誘惑的

Star Gazer syn. Stargazer
スターゲイザー

美しく香り高い'スターゲイザー'は、その名がよく知られ、紹介するまでもないユリの一つだ。切り花業界で大成功を収めた結果、私たちはなんの気なしに'スターゲイザー'を花びんに生けるようになった。ジープを運転したり、コーラをコップに注いだり、フーバー(アメリカの老舗家電メーカー)の掃除機をかけるのと同じように。

最初の'スターゲイザー'は、1970年代半ばにカリフォルニアでレスリー・ウッドリフにより作出された。園芸界の魔術師ウッドリフは、「オリエンタル・ハイブリット系ユリの父」と呼ばれている。彼は原種のユリを使って、垂れずに上向きに咲く花を生み出すことを目指した。そしてついに、偶然の突然変異によって'スターゲイザー'が生まれ、金鉱を掘り当てたのだった。

広がった華麗な花を形作る花びらは、基調のホットピンクに白の覆輪と深紅の水玉模様が入り、中央の筋は、花の中心部でライムグリーンの蜜標と交わる。雌しべは突出する。強力でスパイス臭のある香りは、大好きな人もいれば、きつすぎると感じる人もいるだろう。

園芸界は目まぐるしく変化し、消滅する品種もあれば、新しい品種がそれに置き換わる。フーバーの掃除機が1900年代に発明されて以来、モデルチェンジを繰り返してきたのと同じように、'スターゲイザー'の名は、'スペシャルニュース'、'カルバドス'、'レッドアイズ'(p.125を参照)など、よく似た多くのユリによって、遺伝的にも、オリエンタルという名前でも引き継がれてきた。

鉢植えや切り花として広く販売されているが、丈夫な'スターゲイザー'は、庭植えにも適している。ボーダー花壇の中列や後列でよく育ち、一般に支柱は不要だ。ピンクや白、青の花や銀白色の葉物で囲んだり、オレンジと鮮やかな青との大胆な組み合わせにすると特に美しい。

Lilium 'Star Gazer' 別名 'Stargazer'
[花の種類] やや扁平、上向き
[分類] 7
[平均草丈] 90〜110cm
[花の大きさ] 特大
[色] ピンクと深紅の色調に白い覆輪が入る
[花期] 夏の半ばから晩夏
[香り] 濃厚で豊かな香り
[用土] 腐植質に富み、酸性で水はけの良い用土
[ガーデンで] 注目を集める主役級の花
[切り花として] 最高

野生味あふれる花

Lilium pardalinum
リリウム　パルダリヌム

syn. Leopard Lily, Panther Lily

レパードリリー、パンサーリリー

ユリの中には、扱いにくいものや栽培が難しいものがあるが、*Lilium pardalinum*（リリウム パルダリヌム）は、傷みやすさを補うかのように、爽快（そうかい）なほど育てやすい。

直立した茎は、フリルのように葉が輪生し、先端にオレンジの手毬形の花を数輪つける。強く反曲した花びらは、先端は濃いオレンジだが、中心に向かうにつれて金色を帯び、葯も揃いの色だ。本種はラテン語のヒョウに因んで命名された。つまり*pardalinum*（パルダリヌム）とは、花びらに見られる、オレンジで縁取られた赤褐色の斑点を指している。

野生では、アメリカのオレゴン州からカリフォルニア州、南はメキシコに至るまでの、太平洋沿岸に分布する。本種の遺伝子は、現代の多くの園芸品種の開発に重要な役割を果たしてきた。20世紀前半に、*L. pardalinum*（パルダリヌム）と*L. humboldtii*（フンボルティイ）を掛け合わせた結果、今では有名なベリンガム・ハイブリッド・グループとそれに続く同系統の丈夫な品種が誕生したが、原種自体も優れた園芸植物だ。草丈が高く丈夫で、鱗茎の側面に新しい鱗茎を形成して株を増やし、時間をかけてこんもりとした茂みを形成する。

アメリカ西部の湿った森林を原産地とするユリは数多いが、*L. pardalinum*（パルダリヌム）は最も耐寒性に優れ、庭植えで思い通りに育つ。日向か日陰を問わず、湿った土壌に植えるのが理想的だ。やや乾燥した土壌でも育つが、草丈は低くなるだろう。

Lilium pardalinum

[花の種類] 下向き、花びらは手毬形に強く反曲

[分類] 9

[平均草丈] さまざま。理想的な条件下では2mに達するが、普通は1〜1.5m

[花の大きさ] 中

[色] 炎のようなオレンジと黄色に、焦げ茶の斑点が入る

[花期] 盛夏

[香り] 無香

[用土] 湿った水はけの良い土壌を好む

[ガーデンで] ミスカンサス（ススキ属）やモリニア属などの草丈の高い軽やかなグラス類と一緒に日向に植えるか、ホスタ（ギボウシ属）やシダ類と一緒に日陰で育てよう

[切り花として] 優雅で印象的

Viola

ビオラ

小さくて美しく、優雅なフリルの入ったローズリリー・ビオラ®は、豪華な八重咲きのオリエンタル・ハイブリッドだ。花びらは桜貝を思わせるピンクで、より濃く鮮やかなチェリー色の斑点で彩られ、濃いマゼンタの乳頭状突起が点在する。花の中心部は、豊富なフリルが完全に隠している。雄しべがなく、そのため花粉もないので、アレルギーを持つ人に適したユリだ。柔らかな素材の調度品や服飾品に花粉のしみをつける心配もない。

ユリの世界では、ローズリリーは次のヒット商品になると予想されている。ローズリリー・エレナ（Roselily Elena®）やローズリリー・ナタリア（Roselily Natalia®）（p.45を参照）などの初期の品種は、十分な美しさと甘い香りをもつものの、より新しい品種は大幅に改良されたらしい。また、今のところ、花はピンクと白の色調だが、黄色や赤、ピーチカラーの新しい品種が出番を待っている。

ローズリリー®が'スターゲイザー'に続き、遺伝的に同じ系統の特定の種類の花を指す名称として、一般に認められる可能性がある。香りがよく、フリルの入った完成度の高い花は、人気が高く、すでに模倣されている。しかし、名称が登録されているため、ローズリリー®にそっくりな外観と香りをもつ品種が将来発表されたとしても、実際にローズリリー®と呼ばれるかどうかは、商標権を持つ人が栽培したか否かによって決まる。

ビオラを植えるときは、腐植質に富み、湿り気があり、水はけの良い弱酸性の用土を使おう。土になじめば、小ぶりの茂みを形成し、丈夫な茎に花をつけるだろう。コテージガーデンのボリュームのある植物の傍に植えたり、あるいはボーダー花壇でも花びんでも、派手なダリアやデルフィニウム、バラと組み合わせよう。

よく似たアジアティック系のユリに、より小さく淡い色合いで無香の'エロディ'（Elodie）がある。

Lilium Roselily Viola®
[花の種類] 上向きと横向き、八重咲き
[分類] 7
[平均草丈] 90cm
[花の大きさ] 特大
[色] 薄紅とチェリー色
[花期] 夏の半ば
[香り] 強く甘い、フーセンガムの香り
[用土] 弱酸性が理想的
[ガーデンで] 鉢植えや小さなガーデンに最適
[切り花として] 花びらが広がった、ピンクやバラ色の他のユリと合わせると秀逸。あるいはリアトリス（ユリアザミ属）やリシアンサス（トルコギキョウ）、バラ、葉物と一緒に、ゆったりとした花束を作ろう

Trebbiano syn. Gerrit Zalm

トレビアーノ　別名ゲリットザルム

黄色やオレンジのユリは多数流通しているため、熱心なユリ愛好家は、ユリの種類も色も十分だと考えるかもしれない。しかし'トレビアーノ'は別物だ。

微妙な色合いは独特で、風変わりとも言える。太陽のような黄色ではなく、緑みを帯びた色だ。ライムよりも、どことなく未熟なレモンを思わせる色調だが、一風変わった魅力があり、不快ではない。

実は、トレビアーノとは、イタリア産ワインの原料となる白ブドウの名前で、ブドウの果実の緑、黄色、グレーの色調を喚起させる。丸みを帯びた花びらは、無塩バターのような色合いが基部で緑に変化し、焦げ茶の葯と突出した柱頭の暗赤色がアクセントになっている。

丈夫で花を豊富につける'トレビアーノ'は、庭植えとしても、自宅に飾る切り花としても多くの点でおすすめだ。鉢植えにしてテラスに置いたり、腕に抱えるほど摘んで夏らしいアレンジメントに生けよう。パリッと涼しげで、爽やかな色合いは、白やデルフトブルーと合わせると一層引き立つ。

Lilium 'Trebbiano' 別名 'Gerrit Zalm'

[花の種類] 開いた形、上向き

[分類] 8

[平均草丈] 80〜100cm

[花の大きさ] 特大

[色] 緑を帯びた黄色

[花期] 夏の半ば

[香り] かすかな香り

[用土] 良質の園芸用土。pH値は許容範囲が広い

[ガーデンで] コンパクトでコンテナ植えにも適している。濃い色の葉物の前に植えると引き立つ。あるいは、黄緑色の*Euphorbia schillingii*と*Deschampsia flexuosa*（コメススキ属）と一緒に日陰に植えると、涼しげな印象になる

[切り花として] 鮮やかなピンク系とブルー系、濃く鮮やかなパープル系と組み合わせると、はつらつとしたアレンジメントになる

野生味あふれる花

Apricot Fudge
アプリコットファッジ

美味しくて贅沢なデザートに擬えてユリを名付ける習慣には好感がもてるが、小さく甘美な本種は、フローリストと園芸家にとって、他の意味でも垂涎の品種だ。

書類上は、テッポウユリとアジアティック・ハイブリッドを掛け合わせた八重咲き。ここまではまずまずだ。ワクワクさせる理由は、伝統の花型に逆らい、そればかりか新たな花型のタイプとして確立しそうだからである。華麗でエキゾティックな他のユリたちが、生涯を通じて反曲した花びらをもつのとは異なり、'アプリコットファッジ'の花はコンパクト。貝殻のような短いピーチ色の花びらが内側に湾曲して作る花型は、チューリップや緩みかけたバラの蕾を思わせる。花びらから突出して直立する葯は、クリーミーなフルーツシャーベットの上に振りかけられたチョコレートのようだ。

コンパクトな本種は、コンテナ植えやボーダー花壇の前列に適している。また、テッポウユリが親系統であることから、上品な香りをもつことがわかる。落ち着いた色合いで小ぶりな本種は、同じ親から作出された他の品種に時折見られるけばけばしさはなく、ブーケやフラワーアレンジメントに使うと、でしゃばることなく美しくなじむ。

Lilium 'Apricot Fudge'
[花の種類] 上向き、八重咲き
[分類] 8
[平均草丈] 70〜80cm
[花の大きさ] 小
[色] 暖かなキャラメルオレンジ色
[花期] 初夏から夏の半ば
[香り] 軽く甘美な香り
[用土] 良質な園芸用土であればよい
[ガーデンで] 他の夏の定番植物と美しく調和し、コンパクトなためコンテナ植えにしてもよい
[切り花として] 花びんに生けると使い勝手が良く、小ぶりなのでブライダルブーケにも使える

Fiery and Fabulous
燃え立つような花

Miss Feya
ミスフェヤ

オリエンペット系のユリは、いずれも華やかで印象的だ。その甲乙つけがたいほど美しい姉妹たちの中でも、'ミスフェヤ'は抜群の魅力を放つ。

まず、色が素晴らしい。ブラックチェリー色を基調に、かすかにポートワインとバニラアイスクリームの色調を帯びている。また、数段からなるシャンデリアのように開花する見事な花は、豪華で一際目を引く。さらに、えもいわれぬ香りは、聖人や天使の香水のようである。

ガーデンでの成長も申し分なく、年々草丈を伸ばしてかなりの高さに成熟し、2mを超える株もある。風当たりの強い場所では支柱が必要かもしれないが、茎は丈夫で、混植のボーダー花壇に散在させても、パティオのそばのとっておきの場所に植えても、'ミスフェヤ'の極上の花が目を楽しませてくれるだろう。

Lilium 'Miss Feya'
[花の種類] 下向きまたはやや横向き、扁平で花びらは後屈
[分類] 8
[平均草丈] 1.2〜2.5m
[花の大きさ] 特大
[色] 鮮やかなチェリーレッド色に栗色の斑点
[花期] 晩夏から初秋
[香り] 芳香がある
[用土] pH値は許容範囲が広いが、水はけの良い土壌を好む
[ガーデンで] ホットピンクや鮮やかな青い花と一緒にボーダー花壇に植えたり、室内から楽しめるように窓辺に植えよう
[切り花として] 豪奢

Heartstrings
ハートストリングス

'ハートストリングス'はビンテージ感あふれるユリだ。アプリコット色とラズベリーシャーベット色の花びらにくっきりとしたキュートな斑点、わざとらしい純真さ、そしてかわいらしさを一つ残らず詰め込んだ花は、1950年代のアメリカを彷彿させる。ジュークボックスからバディ・ホリーが流れる食堂で、スウィングドレス（裾が揺れて広がる、Aラインのワンピース）の女の子たちがソーダ水を飲んでいる風景を。

客観的に見ると、花はやや不自然に見えるほどに品種改良されていて、1958年を舞台にした映画『グリース』を見ているか、1980年代を回想しているかのようである。鮮やかすぎる色、決めすぎのスタイル、滑稽とも思われる髪型（過ぎ去った時代を振り返ると、当時は全く思いもよらなかった印象を受けるものだ）。セクシーな女に変貌したサンディがダニーの前に現れ、二人を乗せた車が空を飛ぶ、『グリース』のラストシーンが目に浮かぶようだ。

ありがたいことに、私たちはレトロな食堂や、ボリウッド（インド映画）の豪華な結婚式を再現した世界に住む必要はないのだから、現実の'ハートストリングス'の魅力を楽しもう。名前はどうあれ、心の琴線に触れるような、哀愁も同情も必要としない花だ。かなり美しく目立つため、単独でも十分に見応えがある。白いダイニングルームには溌剌とした雰囲気をもたらしてくれ、寝室では、キャラメル色のクッションとピンクの模様のベッドカバーと甘美に調和するだろう。

お揃いまたはスタイルの異なる複数の花びんに切り花を生けて、マントルピースに並べたり、鮮やかなパープルやソフトグレー、あらゆる色合いの青と組み合わせて、レトロな色合いを弱めたり、逆に最大限に強調しよう。'ハートストリングス'®と波長を合わせ、ありのままのこの花を楽しもう。

Lilium 'Heartstrings'

[花の種類] 上向き、扁平な椀形

[分類] 1

[平均草丈] 1～1.2m

[花の大きさ] 大

[色] ピンクとピーチイエロー

[花期] 盛夏

[香り] 無香

[用土] 水はけの良い園芸用土

[ガーデンで] ピンクとオレンジの花のそばに植えるか、青とピンクのデルフィニウムと合わせよう

[切り花として] 単独でも見応えがある

燃え立つような花

Red Eyes
レッドアイズ

スターゲイザー系のユリは広く知られている。王族とまでは言えなくても、少なくとも映画スターや崇拝されるロックミュージシャンと同等の地位を与えられた存在だ。スターゲイザー家の真の後継者として、'レッドアイズ'は期待を裏切らない。

きれいなフリルと覆輪の入った花びらは、極めて鮮やかなピンクに暗い深紅の斑点が散りばめられ、その色調とバランスを取るように、黄緑色の星が中心部に煌めいている。家系から予想される通り、上品で崇高な香りをもつ。

どうしてこんな名前がついているのだろう。赤い目（レッドアイズ）という名からは、悲しい別れで泣き腫らした目を想像させるが、花の佇まいからはそんなイメージをほのめか

すものは全く感じられない。むしろ、華やかで、未来的なエネルギーを感じさせる花だ。ユリの世界における魅力的なスターであり、花びんに生けると、編隊を組んで飛翔するように思われる。

'レッドアイズ'は切り花として秀逸であり、中間色を基調とした部屋に力強いエネルギーを運び込んでくれる一方、ガーデンでもよく育つ。酸性の土壌のボーダー花壇に植えるか、ツツジ科の培養土で鉢植えにして主役にしよう。あるいは、*Agastache* 'ブルーフォーチュン'（カワミドリ属、アガスターシェ）など他の遅咲きの植物や、カリオプテリス（カリガネソウ属）などの茂み、または小型の紫陽花と一緒に植えるか、パープルとピンクのシンフィオトリクム属（以前のアスター属）で優しく囲もう。

Lilium 'Red Eyes'
[花の種類] スターゲイザーと同様に上向き
[分類] 7
[平均草丈] 90〜100cm
[花の大きさ] 特大
[色] ピンクと濃いピンク
[花期] 夏の半ばから晩夏
[香り] 美しい、濃厚な香り
[用土] 酸性の園芸用土かツツジ用の培養土
[ガーデンで] コンテナに植えると美しい
[切り花として] 最高のユリの一つ

Viva la Vida

ビバラビダ

艶やかで香りのよいユリのファンタジーに導かれるままに、つい、パステルカラーのかわいいユリに囲まれた、ソフトフォーカスの小径を進んでしまう。その誘惑に乗ってしまったら、幻想は見事に打ち砕かれるだろう。'ビバラビダ'のスタイルとエネルギーにはそういう力があるのだ。

花びらは目立つバタースコッチの色合いで、花びらの形と呼応するように、濃い深紅の斑が中央に広がり、小さな斑点がちりばめられている。まるで、パーティー好きな小悪魔風の、自分の分身に取り憑かれているかのようであり、突然開花して、花だけでなく、ガーデンごと乗っ取られてしまうかもしれない。

とはいえ、AOAの本種は適応力のある植物で、起源はそれほど恐ろしいものではない。AOAとは、Asiatic、Oriental、Asiaticの頭文字で、アジアティックとオリエンタルの交配種を、別のアジアティックと戻し交配したユリを指す。その結果として作出された品種は、ア

ジアティックよりも花が大きく、花びらは優雅に後屈し、オリエンタルよりも弱くほのかな香りをもつ一方、色は独特の組み合わせになる。

ガーデンでは、この艶かしい花の見目麗しさを強調するような植物と一緒に植えよう。アメリカテマリシモツケ *Physocarpus opulifolius* 'ディアボロ'や、*Pittosporum tenuifolium* 'トムサム'などパープル系の葉の茂みは、本種の花の中心部に見られる淡いダムソンプラム色を引き立てるだろう。一方、クニフォフィア属(旧トリトマ属)やクロコスミア属(ヒメオウギズイセン)など、他のオレンジの花と組み合わせると、アプリコット・マーマレードの美しい色合いが際立つ。また、深緑色、パープル、コバルトブルーと合わせると、涼しげな印象になる。

本種とよく似ていて、より小さく、色が濃い品種にアジアティック系の'フォアエバースーザン'(Forever Susan)と'イージーサンバ'(Easy Samba)がある。

Lilium 'Viva la Vida'
[花の種類] 上向きと横向き、椀形
[分類] 8
[平均草丈] 1〜1.2m
[花の大きさ] 特大
[色] バタースコッチイエローと焦げ茶を帯びたラズベリー色
[花期] 初夏から夏の半ば
[香り] ほのかな芳香
[用土] 許容範囲が広い。水はけの良い良質の園芸用土を好む
[ガーデンで] ボーダー花壇の中列に植えて目立たせたり、コンパクトなので、鉢植えにしてパティオに飾ろう
[切り花として] 思わず目を奪われる美しさ

Mascara
マスカラ

「黒い」アジアティック系として称賛される'マスカラ'は、ゴシックホラー映画に通じるジャンルを花卉園芸界に確立しつつも、はっきりした遊び心を兼ね備えている。

小さな吸血鬼さながらのこのユリは、はかない蕾が翳(かげ)りのある美しい花に開花して、映画『リトル・ショップ・オブ・ホラーズ』を喚起させる。血と邪悪なものが入り混じったインクのような色調だが、ほのかなジンジャーカラーは、『ドラキュラ』よりも『ロッキー・ホラー・ショー』に遥かに近いアイロニーを感じさせる。

ドラマチックな美しい外観に加え、'マスカラ'は丈夫で茎が強く、ガーデンを華々しく、印象的に、楽しく飾る。ポテンティラ(キジムシロ属)やオレンジのゲウム(ダイコンソウ属)、ピンクやパープルのペンステモン(イワブクロ属)、アカバナマツムシソウKnautia macedonica(マケドニカ)と組み合わせると美しい。あるいは、ハナビシソウEschscholzia californica(エッショルツィア カリフォルニカ)やAlchemilla mollis(アルケミラ モリス)(ハゴロモグサ属)を下植えに使って劇的な印象にしよう。

Lilium 'Mascara'

[花の種類] 上向きと横向き、椀形

[分類] 1

[平均草丈] 1m

[花の大きさ] 大

[色] 鮮やかで、インクのような赤紫色

[花期] 夏の半ば

[香り] 無香

[用土] 良質の園芸用土であればよい

[ガーデンで] 鮮やかなオレンジや強烈なピンクと一緒に植えると際立つ。または、パープルやラベンダーの色調のガーデンを引き締めるためにも使える

[切り花として] 非常に見事

Amarossi
アマロッシ

大きな'アマロッシ'の立ち姿は、実に立派で、目を見張るものがある。ツリーリリーとも呼ばれるオリエンペット系のユリで、他のユリに抜きん出るほど草丈が高い。ずんぐりした茎の先端の総状花序に緑の蕾をつけ、蕾が一つずつぱっと開くと、ダークチョコレート色の葯が解き放たれ、大きく開いた艶やかな花の真ん中に誇らしげに立つ。

ピンクという色の素晴らしさをじっくりと味わえる花だ。濃いフューシャ、鮮やかな珊瑚色、ワインレッド、チェリー色、セピア色を帯びたパプリカ、ラズベリーレモネード。澄んだルビーとマルベリーウォッカ。花が開き成熟するにつれ、これら全ての色合いが、さまざまな明暗や濃淡やハイライトを帯びて、緩やかに変化する。

各花びらの基部には、くっきりした緑の斑と染みのようなクリーム色、そして少数の斑点があるため、この花が絹でできた作り物ではなく、本物であることを思い出させてくれる。しかし、真珠光沢のような輝きと、花びらの艶を見ると、本当に本物なのだろうかと疑いたくなる。

個性と華やぎに溢れたピンクのユリが好きな人には、'アマロッシ'がおすすめだ。腕に抱えるほど摘み、室内用に生けてもよいし、淡いブルーの壁の前に植えると、色がこの上なく引き立つだろう。

Lilium 'Amarossi'
[花の種類] 横向き、やや扁平
[分類] 8
[平均草丈] 80〜150cm
[花の大きさ] 特大
[色] フューシャと珊瑚色
[花期] 夏の半ば以降
[香り] 甘美な香り
[用土] 許容範囲が広いが、水はけの良い土壌を好む
[ガーデンで] ボーダー花壇の後列で際立ち、建物や境界の前に植えると、一層の存在感を放つ。ススキ属の
Miscanthus sinensis var. *condensatus* 'コスモポリタン'やタデ科の*Persicaria alpina*と一緒に植えると、引き立て合い、コントラストが生まれる
[切り花として] 豪華絢爛

燃え立つような花

Arabian Knight
アラビアンナイト

「Arabian Knight(アラビアの騎士)」のような名前は、ある種の期待を生じさせる。筋骨たくましい馬にまたがった美しい青年を主人公とする昔話と響き合う。馬の乗り手は、流れるようなローブと、豪華な錦織の装飾品を身に纏ったエキゾチックな装いで、ターバンを頭に巻き、三日月刀を手にしている。その馬は、まさに権力と抑制の象徴だ。

洗練された文化と知識の絶頂を極めた、トルコと中近東の文化の残響を感じさせ、ロマンスの香りもたっぷり漂わせる。

花それ自体も期待を裏切らない。鮮やかなマホガニー系の栗色の色合いは、小金色の縁取りと、優雅にコーディネートされた葯で飾られている。マルタゴン系交配種にふさわしく、トルコ帽を思わせる花型で、ガーデンで丈夫に育つ。

避けがたい当然の結果として、本種は「Arabian Night(千夜一夜物語)」の名でも知られている。説話集『千夜一夜物語』は、欲望と殺人と一人の女性の物語だ。彼女は逆境に立ち向かい、物語と知性でそれに打ち勝つ。名前はどうあれ、このユリに心を奪われることは間違いないだろう。

Lilium 'Arabian Knight'

[花の種類] 手鞠形
[分類] 2
[平均草丈] さまざまで、大体1.3〜1.5m
[花の大きさ] 小
[色] インクのような鮮やかなパープルを基調に、くすんだオレンジのハイライト
[花期] 初夏から夏の半ば
[香り] 芳香がある
[用土] 水はけの良い良質の用土。石灰に耐性がある
[ガーデンで] サルビア(アキギリ属)'アミスタッド'や'カラドンナ'、ゲウム(ダイコンソウ属)'フレームオブパッション'や'トータリータンジェリン'など、他のパープルやオレンジの花を使って、くすぶるような色調を際立たせよう
[切り花として] 際立ち見栄えがよい

Lady Alice
レディーアリス

ユリからよく連想されるトラやヒョウではなく、毛並みに濃いオレンジの縞模様が入った茶トラネコをイメージした花を創造するとしたら、'レディーアリス'になるのではないだろうか。

本種はキカノコユリ*Lilium henryi*（リリウム ヘンリイ）の交配種で、大きく突出した乳頭状突起がオレンジの厚い毛皮を思わせ、花びらは強く後屈する。色はオレンジとバニラ色を基調に、焦げ茶の斑点が入る。蕾は遠慮がちに一つずつ順に開き、黒ずんだコッパーの色合いの葯が、花からぶら下がるように現れる。

'レディーアリス'の花は陽気で爽やかな佇まいで、まさにアリスが鏡の国で出会うオニユリ（英名：タイガーリリー）のように完全に分別があり、他の園芸植物と一緒によく育つ（もう一人のアリスが出会うような、愚かで無礼な相手だとしても）。草丈の高い、オレンジやパープルの手鞠形のユリと組み合わせたり、熱帯をテーマにデザインされた植栽を縫うように植えると、特に見応えがある。

Lilium 'Lady Alice'
[花の種類] 横向きと下向き、やや扁平で花びらは後屈
[分類] 6
[平均草丈] 1.2〜1.5m
[花の大きさ] 大
[色] オレンジと白
[花期] 夏の半ば
[香り] 素晴らしい芳香
[用土] 良質の土壌を好むが、それ以外は許容範囲が広い
[ガーデンで] *Iris sibirica*（イリス シビリカ）（アヤメ属）とグラス類と一緒にボーダー花壇を縫うように植えたり、フェンスの上に揺れるように植えると美しい
[切り花として] シンプルでエレガント

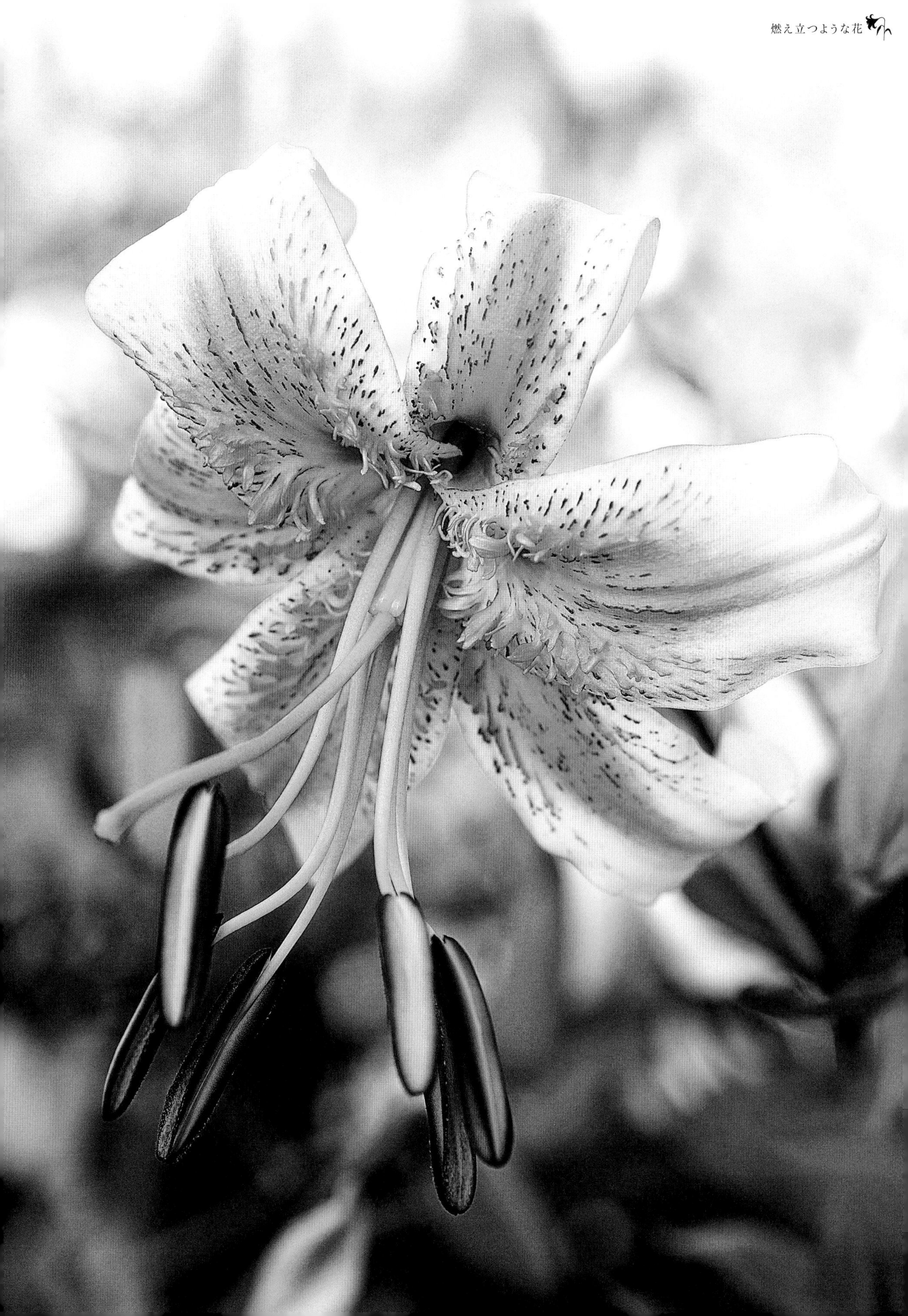

Chocolate Event
チョコレートイベント

異彩を放つ外観の'チョコレートイベント'は、'ストロベリーイベント'や'ストラッチャテッラィベント'を含むイベントシリーズの一つで、実に美味しそうなユリだ。

魅力的な色合いは、バーガンディー、コッパー、ピーチカラーのブレンドで、それはまるで、ガナッシュを作る過程でチョコレートを溶かし、その艶やかで深みのある色合いに生クリームを注いでかき混ぜたときのように、ちょっと分離した印象に仕上がっている。

アジアティック系のため、香りはないが、贅沢感を漂わせる。強烈で甘美なココアのような外観で、赤みを帯びた黒っぽい色合いは、品質が高い印だ。クリーミーで高カロリーの雄しべの先に、金粉をまぶした葯がある。

ガーデンでは、日向でも日陰でも株をよく増やす。本種の主たる色を引き立てるような、濃い赤やオレンジ、パープルの花と組み合わせると美しい。あるいは、好対照を成すような、すっきりとした緑色の葉物と合わせても魅力が際立つ。花びんに生けてとっておきの場所に置くのもおすすめだ。

Lilium 'Chocolate Event'
[花の種類] 横向き～やや垂下、大きく開く
[分類] 1
[平均草丈] 1.2m
[花の大きさ] 大
[色] コッパー、バーガンディー、クリーム色
[花期] 初夏から夏の半ば
[香り] 無香
[用土] 中性またはアルカリ性の良質の園芸用土
[ガーデンで] 大きなコンテナに植えてパティオやデッキの縁に置き、ユニークな色合いを楽しもう
[切り花として] 花びんに生けると見事

Pink Flight

ピンクフライト

ピンクの花は、ともするとけばけばしいか、甘ったるいか、はたまた面白みのないことが多いが、'ピンクフライト'は洗練そのものだ。深みのある少しくすんだバラ色は、堂々としながらも高圧的な雰囲気にならずにすんでいる。一方、筒状の部分に薄塗りされたレモンクリーム色は、ピンクの色合いを和らげるとともに、すらりとしたフューシャピンクの雄しべを巧みに引き立てる。

丈夫な茎に支えられた大輪の花は落ち着いた佇まいだ。軽く反曲した花びらは、急降下しているような印象を与え、まるで、エキゾチックな鳥が旋回しながら、目に見えない湖のほとりに舞い降りようとしているかのようである。

多数の花をつけるアジアティック系のこのユリは、ガーデンでは、同種のユリに比べてかなり早く咲く。感じの良い植木鉢に単独で植えても、他の花や葉物と組み合わせてボーダー花壇に植えても見応えがある。

Lilium 'Pink Flight'
[花の種類] 横向き、やや扁平、花びらは軽く反曲
[分類] 1
[平均草丈] 1〜1.2m
[花の大きさ] 大
[色] 珊瑚色とラズベリー色の豪華なブレンド
[花期] 初夏から夏の半ば
[香り] 無香
[用土] 水はけの良いアルカリ性の用土または多目的培養土
[ガーデンで] フロックス、ペンステモン、エキナセアなどの多年草と相性が良いので、草本植物を縫うようにボーダー花壇に植えたり、コンテナに栽培してもよい
[切り花として] アレンジメントに洗練された雰囲気を加味する

燃え立つような花

Lilium henryi
リリウム　ヘンリイ

キカノコユリ

本種は、オーガスティン・ヘンリー教授にちなんで名付けられた原種ユリだ。彼はアイルランド人の植物ハンターで、1888年に中国の宜昌市の近くで、長江に沿って旅していたときに、巫峡の石灰岩の断崖に生えていた本種を見つけたのだった。

極めて人気の高い園芸植物であり、長い茎の先端に、踊るオレンジの花を4〜20輪つける。強く反曲した花びらには、ふっくらした乳頭状突起が多数あり、花の中心部から長い雄しべが突出し、その先に小さなさび色の薬がついている。花の色は、アプリコット色やキャラメル色に近いものまでさまざま。どんな色調にしても、栗色の斑点が奥行き感を生じるとともに、ハーモニーを支えるベース音のように、明るすぎるオレンジがニンジン色に見えるのを防いでいる。

石灰質の地形に自生するキカノコユリは、石灰質の土壌に耐性があるが、中性の土壌でもよく育つ。茎の地下部分に不定根を生じるため、少なくとも深さ20cmに植える必要がある。冬の終わりや早春に早めに成長し始めることがあるので、よく注意して、若い茎が出ていたら晩霜から保護しよう。

根の周りが涼しく土が乾き切らないような、半日陰の場所を選ぼう。最初の数年は元気がないかもしれないが、本来の調子を取り戻せば、草丈は1.5mを超えることもあるため、支柱が必要になるだろう。灌木の間に植えて、ある程度の支えを与えてやってもよい。

キカノコユリは、1993年にイギリス王立園芸協会のガーデンメリット賞を受賞した。

Lilium henryi
[花の種類] 手鞠形
[分類] 9
[平均草丈] 1.2〜2.5m
[花の大きさ] 中
[色] 暖かいオレンジに栗色の斑点
[花期] 晩夏
[香り] 無香
[用土] 水はけの良い、アルカリ性から中性の用土
[ガーデンで] 明るい森林風の設定やボーダー花壇で、青いエキノプス(ヒゴタイ属)や鮮やかなピンクのエキナセアのそばに植えると秀逸だが、鉢植えではよく育たない
[切り花として] 簡素で見事なアクセントになる

Red Velvet
レッドベルベット

豪華な花びらは、極めて鮮やかで深みのあるカーマインレッドを基調に、暗紫色の乳頭状突起が控えめに点々と描かれ、葯は金粉をまぶした琥珀色をまとう。当然のごとく人気の高いこのユリは、観劇の夜と、しっとりとした甘美なケーキ、大人のロマンスを喚起させる。

'レッドベルベット'はアジアティック・ハイブリッドで、デヴィッド・ストーンとF・ヘンリー・ペインという二人組の有名なユリ育種家により作出された。ストーンは専門家として認められ、アメリカ各地で交配をテーマにした講演を行なった。また、同僚のペインとともに、斑点のないアジアティック系ユリを作出するという目標を追求し、その過程で、よく知られているコネチカット・ハイブリッド・シリーズを生み出した。

二人は目標を達成するため、入手できる限りの斑点のないユリを用いて、数種の原種と戻し交配を行った。その結果、生命力と耐病性に優れた品種が作出され、ユリ栽培家はその恩恵に預かっている。著名な育種家ヤン・デ・グラーフは、1960年代に彼らの素晴らしいハイブリッドを多数購入した。

'レッドベルベット'をガーデンに帰化させれば、年を追うごとにより大きく元気になるだろう。グラス類や多年草と一緒にボーダー花壇に植えたり、耐寒性のあるヤシ類やダリア、カンナ、トウゴマ属と寄せ植えすると、カラフルでエキゾチックな展示になる。

Lilium 'Red Velvet'
[花の種類] やや垂下する星形
[分類] 1
[平均草丈] 1〜1.3m
[花の大きさ] 中
[色] 深みのある暗赤色
[花期] 晩夏
[香り] 無香
[用土] 良質の園芸用土であればよい
[ガーデンで] 熱帯風のガーデンに深みとドラマ性を加味したり、オレンジの花と軽やかなグラス類と一緒に使って雰囲気を和らげよう
[切り花として] 目立ってとても美しい

Lilium superbum

リリウム　　　スペルブム

スワンプリリー

園芸品種の洗練された雰囲気とインパクト、そして野生の花の優雅さと軽やかさを兼ね備えた*Lilium superbum*は、アメリカ東部の自生種で、湿った草原と森林を好み、アパラチア山脈に沿った、ニューハンプシャー州からフロリダ州にかけての広い一帯に分布する。

種小名の*superbum*は、ラテン語で「素晴らしい」という意味で、個々の花は小さいものの、ハッとする美しさだ。長い茎の先端に多数の花を軽やかな房状につけ、鮮やかな花はくっきりした斑点と炎模様で覆われ、中心部に緑の星が輝く。花びらは強く反曲し、シナモン色の葯が花の下方に浮かぶ。

本種は地下に匍匐枝を伸ばして株を増やし、野生では見事な茂みを作るはずだが、多くの地域で絶滅危惧種や絶滅危急種に指定されている。ガーデンでは、必ずしも簡単に定着するわけではなく、ウイルスの犠牲になることもあるが、一旦土になじんだらよく育つはずだ。

分布域が広いため、自然の変種がかなり多い。花の数は12〜40個、色はオレンジを帯びた黄色からオレンジを帯びた濃い赤までさまざまだ。草丈もかなり異なる。

歴史上、本種の球根はアメリカ先住民に食料として利用され、花は蜜食の生き物や送粉者を引き寄せ、場所によってはハチドリも訪れる。英語の俗名にはタークスキャップリリー(トルコ帽ユリ)、グレートアメリカン・タークスキャップリリー、ターバンリリー、スワンプリリー(湿地ユリ)などがある。また、タイガーリリーと呼ばれることもあるが、アジアに生育する同じ英名のユリ(和名はオニユリ)とは別種である。

Lilium superbum

[花の種類] 手鞠形
[分類] 9
[平均草丈] さまざまで、大体1.2〜2.5m
[花の大きさ] 小
[色] 濃い金色からオレンジを帯びた赤までさまざまで、栗色の斑点がぎっしり入る
[花期] 盛夏
[香り] 無香
[用土] 湿り気があり(ほとんどのユリの基準よりも)、腐植質に富む石灰分を含まない用土
[ガーデンで] 日向または半日陰にカジュアルに植えよう
[切り花として] 非常に魅力的

Majestic and Magnificent
壮麗な花

African Queen
アフリカンクイーン

1958年に発表された'アフリカンクイーン'、またはアフリカン・クイーン・グループと総称される、近縁関係にあるクローンは、ユリ界の巨人だ。よく定着した株の茎は高さ1.5m以上に達し、それぞれが最高20輪もの花をつけて順番に開くため、見頃が長く続く。

やや垂れ下がったトランペット形の壮麗な花は、豊かな趣を感じさせる色合いだ。花びらはくすんだオレンジにほのかなキャラメル色が差し、外側はラズベリー色を帯びたブロンズ色に染まる。突出した柱頭は、バタースコッチ色の葯に囲まれ、花は甘美な香りを放つ。

女王然とした風格ある佇まいを損なってはならない。ボーダー花壇の後列の風雨を凌げる場所に堂々と立たせ、心配なら迷わず支柱を使おう。球根を植えるときは、湿り気のある水はけの良い用土に少なくとも深さ15cmに埋めるとよい。鉢植えも可能だが、根を張る十分なスペースがあり、成熟した株が安定するほどの大きな鉢が必要だ。本種は少々の日陰に耐えられ、土壌のpH値に対する許容範囲が広く、極端な値でなければよい。

'アフリカンクイーン'は、極めてふさわしい、イギリス王立園芸協会のガーデンメリット賞を2002年に受賞した。

Lilium 'African Queen' (African Queen Group)
[花の種類] 横向きまたは下向き、トランペット形
[分類] 6
[平均草丈] 1.2〜1.5m
[花の大きさ] 大
[色] 内側は濃いアプリコット色、外側はガーネット色
[花期] 盛夏
[香り] 酔わせるような美しい香り
[用土] 腐植質に富む水はけの良い用土
[ガーデンで] ボーダー花壇の後列に植えると美しい
[切り花として] 十分に大きな花びんがあれば、彫像のように印象的

壮麗な花

Casa Blanca

カサブランカ

草丈が高く、堂々として優雅な'カサブランカ'は、完璧を体現するような花だが、それを花自身が一番良く知っている。

艶やかな葉に抱かれた長細い蕾は、モクレンを思わせるほのかなピンクと緑、クリーム色を帯びているが、パッと開くと同時に、そんな朧げな色調を脱ぎ捨てる。花は壮麗そのもので、甘い香りを漂わせ、奥に潜んだ微かな緑を除いては、比類なき白さを湛えている。

大きく開いた花びらの先端は優美に後屈し、基部に散在する乳頭状突起は、流行の最先端を行くようなセンスの良さを感じさせる質感だ。一方、淡緑色の雄しべの先端には、シナモン色とスマック色（ウルシ科ヌルデ属の花序のような赤茶色）の葯が厚かましく突き出しているため、通りかかった送粉者が、驚いて二度見してから花の中に潜り込むとしても無理はない。

'カサブランカ'は、最も古いオリエンタル・ハイブリッドの一つで、1984年に発表され、イギリス王立園芸協会のガーデンメリット賞を受賞した。耐寒性に優れ、日向の水はけの良い用土でよく育ち、少々の腐葉土で養分を補ってやると理想的だ。

Lilium 'Casa Blanca'
[花の種類] 横向き、やや扁平な椀形
[分類] 7
[平均草丈] 1.2m
[花の大きさ] 大
[色] 純白で、雄しべは鮮やかなレンガ色
[花期] 盛夏から晩夏
[香り] 濃厚な芳香
[用土] 腐植質に富む石灰分を含まない用土
[ガーデンで] 塗装された壁やフェンスの前に植えると、特に見事な存在感を放つ
[切り花として] ふんわりと葉を茂らせるアスパラガス類や、青灰色のユーカリ類と組み合わせると美しい

Silk Road

シルクロード

そびえ立つ壮大な'シルクロード'は、絢爛以外の何者でもない。花で飾った柱のような草姿から連想されるのは、東方世界のファンタジー。ヨーロッパの国々とエキゾチックな東方を行き来する人々の、商取引と向こうみずな冒険の物語だ。中国の織物や、牡丹や菊、それに桜の姿を呼び起こし、人々が好奇心をそそられ、大金を払ってでも手に入れようとしたあらゆるものを象徴する。

オリエンペット系の本種は、丈夫な茎を持ち、それぞれが魚雷形の蕾を鈴なりにつける。蕾は次々に開花して、艶やかな香りの良い花が現れる。白く見せかけた花には、ドラマチックな濃いピンクの斑が滲み、雪のように白いテーブルクロスにカベルネ・ソーヴィニヨンのグラスを倒したかのようだ。

ガーデンではすぐに定着し、周辺の植物を日陰にしてしまいがちなことなど、多くの理由から一緒に植える仲間は不要だ。混植のボーダー花壇の後列に、対照的な色で塗られた壁の前などに植えると美しい。あるいは、この美しいユリを境界に沿って並べれば、柵より高く伸びて会釈し、行き交う人に話題を提供するだろう。

Lilium 'Silk Road'

[花の種類] 大きく開いたトランペット形
[分類] 8
[平均草丈] 1.5〜2.5m
[花の大きさ] 特大
[色] 白地に深紅を帯びたピンク
[花期] 夏の半ばから晩夏
[香り] 美しい香り
[用土] 許容範囲は広いが、水はけの良い用土を好む
[ガーデンで] 草丈の高いグラス類とよく合い、ボーダー花壇に植えると目立つ
[切り花として] 見事

壮麗な花

Yelloween

イエローウィン

春はひだまりのようなスイセンとプリムローズがあちこちで花開き、夏はユリの季節だ。穏やかな魅力を湛えた金髪の美女のような'イエローウィン'は、混み合った花畑の中で、最も陽気な花の一つである。

オランダの育種家ピーテル・ヤン・コスにより作出された本種は、オーレリアン・ハイブリッド(中国原産のトランペット咲きのユリとキカノコユリ *L. henryi* の両方の遺伝子を持つグループ)とオリエンタル・ハイブリッドの交配種だ。草丈が高く、花もそれに見合って大きい。緑の蕾が割れると、バター風味の甘酸っぱいレモンカード(レモン果汁を卵とバターと砂糖で固めたクリーム)の色合いの花が現れる。凛としたライムグリーンの筋が花びらの中心を走り、コントラストをなす実に優雅なビターチョコレート色の葯とともに洗練された雰囲気を醸し出す。

ボーダー花壇の中列か後列の根元が涼しい場所に、水はけの良い弱酸性の用土に植えよう。一方、甘い香りの花は、日向ぼっこをしながらミツバチやチョウの訪れを楽しむ。冬はマルチングをして土を覆い、早春に少しだけ肥料を与えてやれば十分で、株が定着するにつれ草丈が高くなっていくだろう。

最初の蕾が開き始めたときに花を摘めば、花びんで10日ほど持つだろう。葉物やバラと組み合わせると美しい。

Lilium 'Yelloween'
[花の種類] 上向き、開いたトランペット形
[分類] 8
[平均草丈] 1〜2.5m
[花の大きさ] 特大
[色] 淡い黄色
[花期] 盛夏
[香り] 芳香がある
[用土] 湿気が多く水はけの良い酸性の用土
[ガーデンで] 壁や生垣に沿って大きなグループにして植えたり、ボーダー花壇では、草丈の高い、遅咲きの多年草の間に茂みを作ろう
[切り花として] 完全に注目の的になる

壮麗な花

Lilium regale

リリウム レガレ

リーガルリリー（オウカンユリ）

栽培する上で扱いにくいユリや、イライラの種にさえなるユリがある一方、美しいリーガルリリー *L. regale* は、見た目が素晴らしいだけでなく、非常に育てやすい原種ユリだ。伝説の植物ハンター、アーネスト・チャイニーズ・ウィルソンは、1903年に中国四川省の岷江流域で本種に出会い、次のように記した。

「そこは半ば乾燥した狭い渓谷で、下には急流が流れ、泥の頁岩や花崗岩から成る山々に囲まれ、山の頂は万年雪で覆われている。そこがリーガルリリーの住処だ。夏はものすごい暑さで、冬の寒さは厳しく、どの季節でもこの渓谷は突然の猛烈な暴風に見舞われる……。6月に訪れると、道端や急流のほとりの岩の割れ目、それに山腹の断崖高くに咲く満開のこのユリが歩き疲れた旅人を迎えてくれた。数輪ではなく数百、数千、いや、数万のユリたちが」。

更なるサンプルを採取するために再び渓谷を訪れたウィルソンは、地滑りに巻き込まれて脚を骨折した。40頭のラバの列が一頭ずつけが人をまたいで別の場所に誘導された後、ようやく彼のポーターが折れた脚をカメラの三脚に固定できたという話だ。ただし、骨はうまく接合せず、ウィルソンはその後生涯にわたり、「リリーリンプ（ユリ障害）」と呼ぶその脚を引きずって歩いた。

こういう物騒な経緯があったが、ほんのりとカシス色に染まった *L. regale* は、白い変種 *L. regale* 'アルバム'（p.168~9を参照）とともに、極めて人気の高い園芸植物だ。草丈はさまざまで、濃いパープルの蕾をつけ、長さ約14cmの白いトランペット形に花開く。

茎の地下部分に不定根を生じるため、球根は良質の用土に20cmほどの深さに植え、肥料を与えすぎないこと。

Lilium regale
[花の種類] トランペット形
[分類] 9
[平均草丈] さまざまで、最大1.5m
[花の大きさ] 大
[色] 白地で筒の部分が黄色
[花期] 夏の半ば
[香り] 気品ある甘美な香り
[用土] 腐植質に富む水はけの良い用土。石灰質に耐性がある
[ガーデンで] デルフィニウム、大きめのサルビアや灌木、ドクゼリモドキ *Ammi majus*、ジキタリス、ヤナギハナガサ *Verbena bonariensis*、アリウムなど、草丈の高い植物と組み合わせてボーダー花壇に植えよう
[切り花として] 香りが強ければ魅惑的

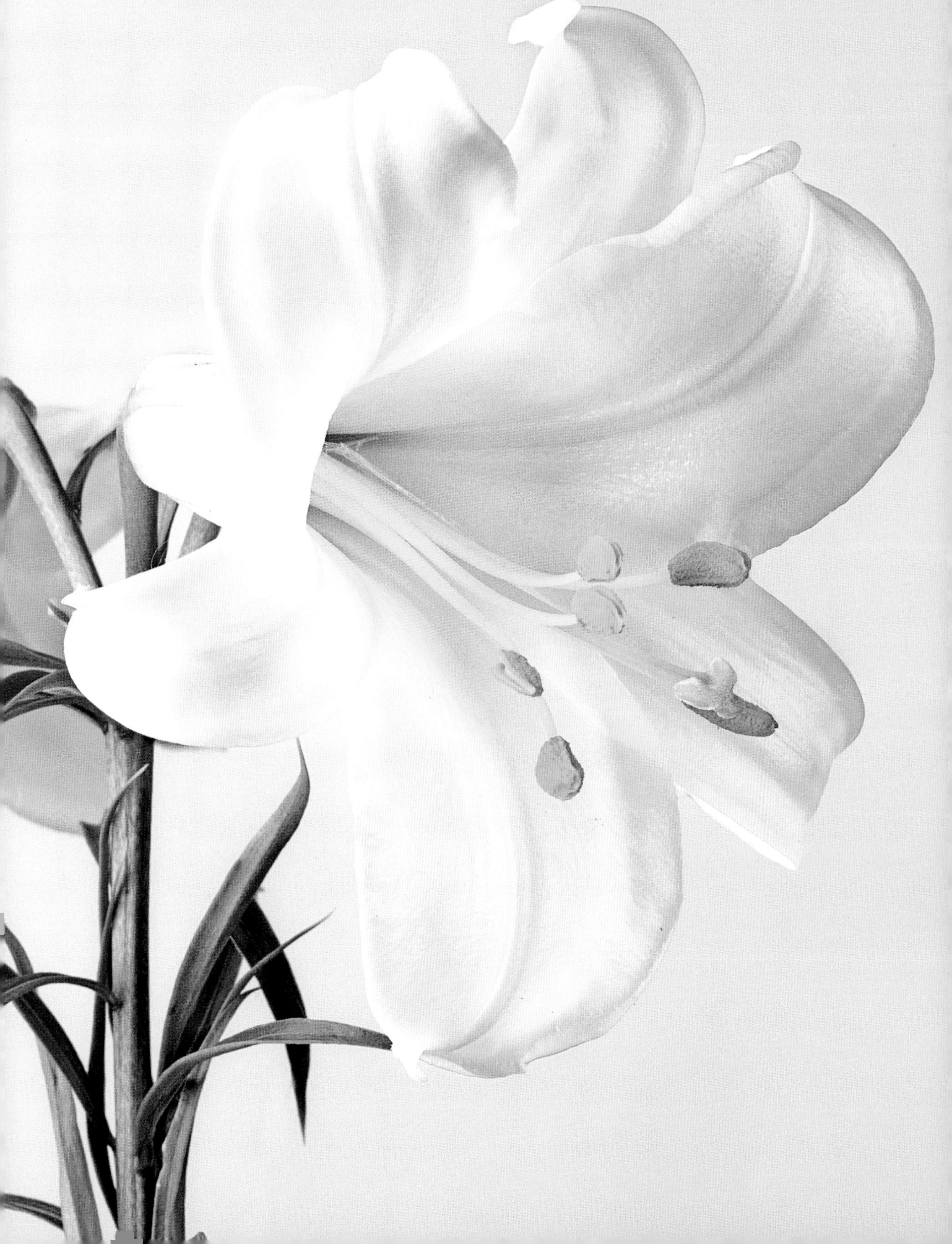

Purple Prince
パープルプリンス

ハッとするほど美しいこのユリは、近年、ユリに求められるようになった要素を兼ね備えている。オリエンタル系とトランペット系の交配種（OTハイブリッド）、オリエンペットの一品種だ。オリエンペットはツリーリリーとして知られるグループの一つであり、定着した株は草丈が2〜2.5mに達するといわれる。現実的な読者は、栽培条件に応じて期待値を下げるかもしれないが、少なくとも人間の頭の高さにまで届くらしい、堂々たる植物だ。

蕾はパープルで緑の筋が入り、魚雷のような形。その蕾が膨らんで割れると、蝋引きしたように艶やかで壮観な大輪の花が現れる。豪奢なパープルの色調に対して、中心部の蜜線の溝を染めるライムグリーンと、葯の鮮やかなオレンジがバランスを取っている。一方、反曲した長い花びらは、先が広がったトランペット形を作る。オリエンペット系のユリらしく、強すぎず心地よい香りに恵まれている。

'パープルプリンス'は、土になじみ最大に成長するまで少々時間がかかるかもしれないが、年々大きく元気になっていくはずだ。日向または半日陰に植え、十分に世話をした後はそっとしておこう。成長のピークに達したときには、素晴らしい眺めになるだろう。

Lilium 'Purple Prince'
[花の種類] トランペット形
[分類] 8
[平均草丈] 2〜2.5m
[花の大きさ] 特大
[色] 鮮やかなロイヤルパープル色
[花期] 夏の半ば
[香り] 心地よいフルーツの香り
[用土] 良質の園芸用土であればよい
[ガーデンで] 存在感があり、草本植物のボーダー花壇に高さを出し、ドラマチックにするが、ほとんどのコンテナには大きすぎる
[切り花として] 使い道が広く、見事。ほとんど何にでも合う色調のパープルだ

Zelmira

ゼルミラ

'ゼルミラ'の花は、非常に豪華なイメージを感じさせる。貝殻のように半透明なために、空に低くかかった太陽を浴びて、花が照り映えるからかもしれない。あるいは、柔らかで繊細な花の色合いのためかもしれない。木目模様の絹布を思わせるピーチカラーに対して、シェーレグリーン色の蜜線と焦げ茶色の葯がアクセントになっている。

片手に花を、もう片方の手にはロマンチックな小説を持ち、シルクのパジャマを身につけた主人公。彼女は四柱式ベッドに倒れ込み、愛しい人が訪れるのを待っている。この花を見ていると、そんな情景が心に浮かぶ。

それもそのはず、ゼルミラという名の由来は、ロッシーニ作の複雑な筋書きのオペラのタイトルだ。人民に愛されているが、年老いたレスボス島の王ポリドーロ、その娘がヒロインのゼルミーラである。夫が戦に出かけている隙に、昔の求婚者アゾールが王位を略奪しようと島を侵略する。ゼルミーラは一計を案じ、父王を隠すことに成功する。一方、アゾールは、王位篡奪を目論むもう一人の人物アンテノールに暗殺される。アンテノールの策略により、ゼルミーラは夫イーオを殺そうとしたという濡れ衣を着せられて投獄される。

幸運に次ぐ不幸、好機に次ぐ裏切りを経て、ついにゼルミーラと父王は助け出され、彼女の結婚も救われる。悪人は鎖に繋がれて退場し、善人はその後いつまでも幸せに暮らす。幸せな人生、それは誰もが望むものだが、ロマンスにはユリも欠かせない。

Lilium 'Zelmira'

[花の種類] 上向きと横向き、椀形

[分類] 8

[平均草丈] 1～2m

[花の大きさ] 特大

[色] 輝くようなピーチカラー

[花期] 夏の半ばから晩夏

[香り] 極めて豊かな芳香

[用土] 良質の水はけの良い園芸用土であればよい

[ガーデンで] ダリア属'トーマスエジソン'など穏やかなパープルと組み合わせると見栄えがよい。あるいは、鮮やかな緑を散りばめてみよう

[切り花として] 秀逸で、極めて洗練された雰囲気

Triumphator syn. Zanlophator

トライアンファター　別名ザンロファター

陽気な感じを自然と発散させる植物があるものだ。明るい色合いのトランペット咲きの大輪の花に、直立した草姿。'トライアンファター'は、最も快活で、性格の良い植物かもしれない。

'トライアンファター'の花は一輪ずつでも美しいが、群生させると、波打ち雪崩れるラズベリーアイスクリームのようだ。派手で美しいトランペット形の花は、やや異質な長い蕾から現れ、その白い花は、鮮やかな赤ワイン色でくっきりと染められている。花の中心部では、突出したクリーム色の雄しべがビロードのようなジンジャーカラーの葯をつけ、上向きの3裂した柱頭を囲む。

比較的新しいオリエンペットの一つで、元気で耐寒性に優れている。最もよく成長させるには、湿ってはいるが水浸しにならない、ごく普通の良質の用土に植えればよい。ただし大型のコンテナでもよく育つだろう。日陰や風雨にさらされやすい場所では、支柱が必要かもしれない。

Lilium 'Triumphator' 別名 'Zanlophator'

[花の種類] 上向き、開いたトランペット形

[分類] 8

[平均草丈] 1〜1.5m

[花の大きさ] 大〜特大

[色] 白地で、中央部に目立つピンクの斑

[花期] 夏の半ばから晩夏

[香り] 非常に素晴らしい香り

[用土] 良質の水はけの良い用土

[ガーデンで] 真夏のボーダー花壇を彩る、陽気で印象的な花。鉢植えにすると、花がやや小さくなるかもしれない

[切り花として] 豪華

Beijing Moon
ベイジンムーン

愛されるユリの要素が全て凝縮された'ベイジンムーン'は、印象的で抜群に美しい。

豪華な大輪の花は、パゴダのような花型のトランペット咲き。バラ色を帯びたラベンダーピンクの柔らかく繊細な色調は、花の中心部から放たれる黄色の輝きと絶妙なバランスを保っている。厚い花びらが帯びるほのかな艶は、中国の精緻なヴィンテージシルクを彷彿させる。

ミツバチにもフローリストにも愛される'ベイジンムーン'は、水はけさえ適切であれば、用土に対する許容範囲が広い。日向でよく育つが、多少の日陰にも耐えられる。中国原産のトランペット咲きの原種ユリとキカノコユリ L. henryi との交配種を総称してオーレリアン・ハイブリッドといい、本種もその一つである。

球根が邪魔されない場所に植えれば、年を追うごとに大きく元気になるだろう。涼しい場所では、よく熟成した有機物のマルチをかけてやるとよい。

Lilium 'Beijing Moon'
[花の種類] 横向きと下向き、やや扁平なトランペット形
[分類] 6
[平均草丈] 1.2〜2m
[花の大きさ] 特大
[色] ピンクと淡いピンクに黄色が差す
[花期] 夏の半ばから晩夏
[香り] ジャスミンを思わせる強い芳香
[用土] 良質の用土、pH値の許容範囲が広い
[ガーデンで] 多年草の間に植えると、絶好のフォーカルポイントになる
[切り花として] 優美

Candy Club
キャンディクラブ

健康なユリの株は、長く放置すればするほど大きく成長する傾向にある。オリエンペット系の新しい品種で、大輪の花をつける'キャンディクラブ'は、ツリーリリーというのはちょっと大げさではないか、と植えた当初に違和感を感じさせたとしても無理はない。

しかし、成長するに任せておくと、有名なおとぎ話の大きなカブのように、どんどん成長し続けるため、甘く子供じみた名前とは不釣り合いなのではないか、と再び違和感を覚える。キャンディクラブという名は、土曜の朝の子供番組のような響きがあり、鮮やかな色彩があふれる画面と、ともすると突然歌い出す溌剌とした司会者を思わせる。トリフィド(イギリスの作家ジョン・ウィンダムによるSFホラー小説『トリフィド時代』に登場する、歩行する肉食植物)さながらに、そびえ立つ

ピンクと白のユリに成長する本種とは、実際にだいぶかけ離れたイメージだ。

夏の終わり頃、'キャンディクラブ'は、堰(せき)を切ったように見事な花を開花させる。超高層ビルを飾る巨大な花は、怪奇植物らしからぬ色合いのクリーム色と白。養分に富む水はけの良い土壌を好むが、必要であれば、少々の粘土質にも耐えられる。遅くとも3年目には支柱を立ててやろう。

ツリーリリーは人気があり、'キャンディクラブ'はボーダー花壇に植えても美しく、切り花にして花束に入れても見事だ。本種に負けず、大柄で勇敢な人によく似合う。

Lilium 'Candy Club'
[花の種類] 横向き、椀形
[分類] 8
[平均草丈] 1〜1.8m
[花の大きさ] 特大
[色] クリーム色、ピンク、濃いピンク
[花期] 夏の半ばから晩夏
[香り] 古典的なユリの香り
[用土] 水はけの良い標準的な用土
[ガーデンで] 単独で植えて注目を集めたり、草丈の高い植物と組み合わせて、ボーダー花壇の後列に植えよう
[切り花として] 大きな花びんに生けて広い部屋に飾るとよい

Eastern Moon

イースタンムーン

ユリの中には、けばけばしく、パーティーにうってつけのタイプがある。いずれもどぎつい色合いで、コントラストが高く、フリルをたっぷりあしらったペチコートを空に向かって揺らす八重咲きの花たちだ。それに対し、顔を赤らめた甘美な'イースタンムーン'は、慎み深く上品な花だ。

暗赤色の蕾が開くと、花は遠慮がちに頭を垂れ、非常にほっそりして優美な、下向きのトランペット形を作る。花の外側の隆起線に、グレーがかったラズベリー色の豊かな色合いが残る一方、花びらの内側は色褪せて、より明るい、モクレンのような薄いピンクになる。花の中心部にはしみ一つない。芳香を漂わせ、奥まで金色に塗られた筒状部には、どんな大きさの斑も肉厚の突起も見られず、完璧なまでに滑らかだ。

本種はロマンチックな花でもある。ささやかな想像力があれば、ラベンダー色の真夏の空に上り始めた穏やかな月を連想できるだろう。夕焼けの陽光がゆっくりと弱まり、天空がピンクからパープルに装いを変え、星たちは暗闇の訪れを少しでも遅らせようとしている、そんな空に姿を現した月を。

本種は茎が丈夫で、ガーデンでよく育ち、切り花として室内に飾っても申し分ない。

'イースタンムーン'は、イースタームーン(Easter Moon)やイースターモーン(Easter Morn)という名前でも知られている。

Lilium 'Eastern Moon'
[花の種類] 横向きと下向き、開いたトランペット形
[分類] 6
[平均草丈] 1.2〜1.8m
[花の大きさ] 特大
[色] くすんだバラ色と黄色
[花期] 夏の半ばから晩夏
[香り] 有り
[用土] 良質な水はけの良い用土
[ガーデンで] 林縁風の設定やボーダー花壇の後列にカジュアルに植えたり、大型のたらい形のコンテナに飾ろう
[切り花として] 崇高で洗練された雰囲気

Zambesi

ザンベジ

どこをとっても、清らかで、落ち着きのある優美な佇まい、しかも手のかからないオリエンペットの'ザンベジ'は、魅力と個性にあふれる花だ。

蜜線周辺のほのかな緑以外は、混じり気のないシンプルな白で、何にでも合うユリだ。底の厚い安定した花びんに生けると、存在感のある爽やかなアレンジメントになり、すがすがしい雰囲気と香りで部屋を満たす。一方ガーデンでは、夏のボーダー花壇を飾る大輪の花は、まるでロイヤルアイシング（粉砂糖、卵白、水で作ったクリーム）で作られた、ふっくらと艶やかな雪のひとひらが、どういうわけか緑の中に紛れ込んでいるかのようである。

いずれの場合も、*Cotinus coggygria*（コティヌス コッギグリア）'ロイヤルパープル'のような暗い色合いの葉物で引き立てたり、黄緑色のホスタと組み合わせると見事。あるいは、ワインレッド色のバラとサルビアと合わせたり、ゼラニウムやガウラ（ヤマモモソウ）属、カスミソウ属などの小さな白い花と対比させると特大の花が際立つ。周辺の色彩が程よく抑えられていれば、ヒメヒオウギズイセン *Crocosmia × crocosmiiflora*（クロコスミア・クロコスミイフロラ）'エミリーマッケンジー'などオレンジの植物とも相性がよい。

Lilium 'Zambesi'®
[花の種類] 上向きと横向き、開いたトランペット形
[分類] 8
[平均草丈] 1.2～1.8m
[花の大きさ] 特大
[色] 白
[花期] 夏の半ば
[香り] どことなくマシュマロに似た香り
[用土] 水はけの良い良質の園芸用土。pH値は許容範囲が広い
[ガーデンで] 非常にドラマチック。大型のたらい形のコンテナに植えたり、フォーマルなガーデンやミニマリスト風ガーデンに使おう
[切り花として] 力強い存在感がある

African Lady

アフリカンレディー

オリエンタルとウコンユリ*Lilium nepalense*（リリウム ネパレンセ）の異種交配によって誕生した'アフリカンレディー'は、実に印象的な花だ。

原種のウコンユリは紛れもない傑作だ。球根は地下に匍匐茎を伸ばして繁殖し、信じられないほどドラマチックな花を咲かせる。垂れ下がった長いトランペット形の花は、先端が急激に広がっているため、ぽっかりと大きな口を開けているかのよう。長い花びらは反曲してきつく巻き上がり、先端の黄色は、花の中央部で唐突に暗いマホガニー色に変わり、そのまま筒部に消えていく。

奇跡のような遺伝子組み換え技術から生まれた'アフリカンレディー'は、とても華やかで魅力的な花だ。丈夫で育てやすく、草丈は高すぎない。大輪の花は優美な佇まいで、花びらは厚くゴムのような質感だ。

ウコンユリの中央部の暗いマホガニー色の斑は、子孫の'アフリカンレディー'では色が薄められて広がり、花全体がコッパー系の栗色で覆われて、花びらの縁と先端にほんのわずかに黄色が残っている。

ガーデンでは1区画ごとにまとめて植え、思い切りドラマチックにしたり、鮮明な色彩の植栽を縫うようにたくさん植えよう。

Lilium 'African Lady'
[花の種類] 横向き、やや扁平
[分類] 8
[平均草丈] 80〜125cm
[花の大きさ] 特大
[色] オレンジとコッパーレッド色
[花期] 夏の半ばから晩夏
[香り] 強く濃厚な香り
[用土] 良質の園芸用土
[ガーデンで] クロコスミア、モナルダ（ヤグルマハッカ属）、*Lobelia cardinalis*（ロベリア カルディナリス）'クイーンビクトリア'など鮮烈な色合いの花と一緒にボーダー花壇に植えると華やか
[切り花として] 非常に目立って魅力的

ユリの育て方と手入れ

ユリは私たちを陶酔させるほど美しく、さまざまなイメージを喚起する。しかし、何の知識もなく育てるのは難しい植物だ。石灰質に注意すべきユリもあれば、植え付けの深さに気をつけるべきユリもある。また、赤い服を着た悪漢、ユリクビナガハムシの脅威とも戦わなければならない。しかし、きちんと栽培すれば、ユリはすくすくと元気に育って株をよく増やし、コンテナ植えでも素晴らしい姿を見せてくれる。その華麗な魅力が眺める人の心を捉えるだろう。

栽培

　一般的に、ユリは日向か明るい日陰に植えるとよく育つ。ただし、根を張るスペースは、できれば涼しい場所がいい。クレマチスのように「頭は日向、足元は日陰」を目安にしよう。そこで、灌木の間で育てると、ユリの足元が日陰になるだけでなく、多少は支えにもなるため理想的だ。

　用土は肥沃で湿り気があり、水はけの良いことが大切。ほとんどのユリは pH 値が中性または弱酸性の土壌を好むが、中には石灰質（アルカリ性）に耐えられるユリもある。草丈の高いユリが多いため、風雨を凌げる場所、特に卓越風（特定の場所で特定の期間に最も頻繁に吹く風向の風を指す。上州に冬に吹く北西風「からっ風」は一例）が当たらない場所に植えよう。また、たとえそよ風程度の風が当たる場所でも、ひょろりとした茎が直立するように、支柱などで支えてやるとよい。

　気候や土壌は庭によってさまざまであり、原種や園芸品種のユリのニーズもそれぞれ異なる。そこで、最も美しく、毎年開花させるには、まず自分の庭を知ることが大切だ。その上で、既存の条件に適した品種を選び、できるだけ上手に土作りをして球根を迎えよう。

品種の選び方

ユリ属以外の植物であれば、さまざまな種を列挙して、個々の種が好む条件や短所などを説明する方法が理にかなっている。しかし、ユリというグループは広大で、しかも互いに関係が深いため、本書では、一般的な庭に当てはまる条件を挙げて、それぞれの条件に耐えられる、あるいはそれを好む品種を示す方がわかりやすいと考えた。

球根は一般に、たっぷりの日差しと、涼しくて湿り気があり、水はけの良い土壌を好み、極度の乾燥や極度の湿り気、石灰質には最も耐性がない。ただし、後述するとおり、これも程度の問題である。

半日陰

暗々しい日陰を好むユリはないが、少しの日陰に耐えられるユリは多い。例えば、マルタゴンリリー—*Lilium martagon*（リリウム マルタゴン）は、木や高い灌木の影が作る明るい日陰ですくすく育ち、林縁の環境に適応して帰化する。もし迷ったら、必ず試してみるとよいが、枝の下がった大きな針葉樹やその他の鬱蒼とした常緑樹のすぐ近くは避けよう。

日向

場所があるなら、日向にユリを植えよう。ユリは、送粉者の昆虫が花を見つけやすいように、明るい日差しを浴びることを好む。しかし、暖かい場所ほど、根を張るスペースが涼しく、保湿性が高くなるように注意してやることが大切だ。

乾燥した土

ユリは完全に乾燥するのを嫌うため（ただし、水浸しになるよりは、ある程度の乾燥を好む）、庭の土壌が乾燥した軽い土の場合は、たっぷりマルチングを施して土壌の構造を改良し、保水性を高めよう。特にニワシロユリ *L. candidum*（カンディドゥム）は、やや乾燥した土壌を好む。

植物の耐寒性

植物がどの程度の寒さに耐えられるかを示す、さまざまな指標がある。アメリカ農務省（USDA）とイギリス王立園芸協会（RHS）が作成した2種類の指標が広く利用され、熱帯から極寒まで段階が分かれている。

USDA（平均最低気温）
ゾーン3　−40〜−34℃
ゾーン4　−34〜−29℃
ゾーン5　−29〜−23℃
ゾーン6　−23〜−18℃
ゾーン7　−18〜−12℃
ゾーン8　−12〜−7℃
ゾーン9　−7〜−1℃

RHS
H3　−5℃まで、半耐寒性（暖冬を越せる）
H4　−10℃まで、平均的な冬を越せる
H5　−15℃まで、厳しい冬を越せる
H6　−20℃まで、非常に厳しい冬を越せる
H7　−20℃未満、非常に強い耐寒性

多くのユリは耐寒性があり、RHSのH6まで、USDAの指標ではゾーン4〜8の寒さに耐えられる。それよりも耐寒性が低い品種の場合には、p.32〜187のプロフィールの中で明記してある。

濡れた重い土

多くの球根と同様に、ユリは根が濡れるのを嫌う。特に休眠期には、過度の水分は根腐れの原因となるため、優れた排水性が重要だ。砂や有機物を加えて、できるだけ排水性を高めよう。盛り土をして一段高いところに植えると、ぬかるみから遠ざけられる。レパードリリーL. pardalinum とスワンプリリーL. superbum は、比較的水分の多い土壌に耐えられ、湿った土壌の方が高く成長するかもしれない。しかし、万が一、冬に株の周りに淀んだ水溜りができていたら、すぐに植木鉢に植え替えよう。

アルカリ性の土壌

特にオリエンタル系など、多くのユリは石灰質の土壌を毛嫌いするが、耐えられるユリもある。石灰に対して最も耐性があるのは、マルタゴンリリーL. martagon や、キカノコユリL. henryi、ニワシロユリL. candidum、リーガルリリーL. regale など。また、アジアティック・ハイブリッドや、L. pyrenaicum、多くのトランペット・ハイブリッドも、ある程度のアルカリ性に耐えられる。もし、自宅の庭が石灰質で、他の品種を育てたいなら、コンテナ植えが最適だ。

酸性の土壌

アジアティック・ハイブリッドを除く大半のユリは、弱酸性の土壌ですくすく育つ。しかし、もっとpH値が低い（酸性度が高い）土壌がどうしても必要なユリもあり、オリエンタル系とヤマユリL. auratum の他、カノコユリL. speciosum の園芸品種がそれに当たる。

191

ユリの購入

ユリは秋から春にかけて販売される。また、春の半ばから終わりには、すでにコンテナに植えられ、成長期に入って開花の準備を始めているユリも購入できる。

成長期の終わり頃、畑で栽培された球根が収穫されるとき、多くの葉はまだ緑色で、みずみずしい球根は非常に傷つきやすい。収穫された球根は、涼しく乾燥した、風通しの良い場所に保管しなければならないが、スイセンやタマネギの球根のような乾いた外皮に守られていないため、この段階で損傷すると腐る原因になり、干からびる恐れもある。

ユリの球根を購入するときは、評判の高い専門の育苗場を探すのが一番で、その多くは通信販売を取り扱っている。この方法なら、大きくて質の高い球根が良い状態で確実に届くはずだ。大抵は、その育苗場で働く専門家が書いた、植え方の説明書が添えられている。

ガーデンセンターやホームセンターのチェーン店でも球根は広く流通している。価格は手頃かもしれないが、損傷や乾燥の兆候がないかじっくり調べる必要がある。しなびていたり、傷がついていたり、カビその他の劣化が見られる球根は避けること。陳列棚に押し込まれ、買い物客が棚を引っかき回したりして手荒に扱われると、簡単に乾き切ってしまうのだ。

冷蔵倉庫から球根を出して店舗に運んでくると、成長を始める可能性がある。少しくらい緑の芽が出ていても大したことはないはずだが、球根がまだ良好な状態かどうか、時期や気候、庭の土壌、そして自分の園芸スキルに応じて判断するとよい。しかし、根の生えていない乾燥した球根が、生気のない、黄化した芽を光に向かって必死に伸ばしている悲惨な状態だったら、心を鬼にしよう。その球根が健全な根系を発達させ、丈夫に成長する可能性は極めて低い。たとえ成長したとしても、見栄えの良い花をつけるまでに何年もかかるはずだ。

かわいそうな球根に背を向け、苦労して稼いだお金を健康で保存状態の良い球根に費やす方がはるかに賢明で、すぐに美しい花を楽しめるだろう。

鉢植えのユリの購入には、利点と欠点がある。最も明らかな欠点は、休眠期にある球根を買うよりも、かなり高くつくことだ。しかし、最も素晴らしい花を選び、家に持ち帰ってガーデンの特等席で愛でられるというこの上ない喜びが、その欠点を上回るかもしれない。

鉢植えは、ボーダー花壇の隙間を埋めるのにも適していて、ガーデンを即座に明るく彩ってくれる。また、何らかの理由で、季節の初めに球根を植えられなかった場合に、その埋め合わせができる。さらに、球根を梱包して発送するときに取り違えることがあるが、開花している鉢植えなら、ラベルに記載されている品種であることが確認できる。

ユリの植え付け

　ユリの球根は、秋から冬によく販売されており、春にも、他の夏咲きの球根と一緒に売られている。いったい、いつ植え付けるのが一番よいのだろう？

　残念ながら、答えは必ずしもシンプルではない。球根が新鮮でみずみずしい、秋に植え付けるのも一つの方法だが、寒さと湿気で傷む恐れがある。水に浸ったり、目の届かない地下で、鱗茎の間に潜むナメクジの食害に遭うかもしれない。

　一方、春に植え付ける場合には、別の問題がある。保管中にユリが成長し始め、芽を出してしまう可能性があるのだ。また、冬の間に球根が乾いてしなびてしまう恐れもある。そうなると、ユリのエネルギーと活力が搾り取られ、ようやく植え付けられたときに、しっかり定着して素早く根を張る力が弱まってしまうのだ。

　つまり、湿気によって球根が腐るリスクと、保管時に球根が劣化するリスクという、対立する二つの要素を天秤にかけなければならない。しかも、状況は庭ごとに変わり、年によっても実にさまざまである。

　ガーデニングのポイントは、植物のニーズを理解し、自分のスキルの範囲内でそのニーズを満たしてやることだ。悪条件に対して比較的寛容な球根もあるが、ユリはスノードロップと同じで、完全に乾き切ってしまうのを好まない。また、十分に成長していない株は特に、水浸しになるのも嫌う。しかし、ひとたび植え付けられ、快適な環境に定着すれば、元気な根と丈夫な芽が湿度をうまく処理して、大抵は美しく群生する。

　理想的な状況の下では、ユリの球根をできるだけ早く（理想的には初秋に）植え付けることが強くすすめられている。そうすれば、冬が来る前に根を張って成長に備えられるからだ。冬の間に球根の養分が枯渇することもなく、将来の乾燥や、過度の湿気からも回復しやすい。また、気候が暖かくなり、芽を出し始めるときには、健康な根系が水と養分を土壌から吸収して、たちまちフルスピードで成長できる。

　とはいえ、現実と理想は違う。ユリの球根を新たに入手したら、よく準備したボーダー花壇に植えるか、もし寒冷な気候で土壌がびしょびしょなら、とりあえず鉢植えにして、後で定植するのが一番だ。この方法なら、球根が乾き切ることはなく、春になり、もっと良い条件が整うまで、大事に守って育てられる。

土作り

　球根を植え付ける前に土作りをしよう。耕した土に腐葉土か堆肥を混ぜ、重い土には少々の砂も混ぜる。土が重いほど、より多くの有機物が必要だ。こうすることで水持ちが良くなり、水はけも妨げられない。

　よくすすめられるように、砂を薄く敷いた上に球根を植えたり、砂を特に多く混ぜ込んだ用土で穴を埋め戻す方法には問題がある。重い土の上でこの方法を使うと、水溜め（水が浸透しにくい粘度質に囲まれた、穴がたくさん空いた空間）ができ、水で満たされてしまうのだ。つまり、大切な球根が池の中に浸かっているも同然で、好ましくない。

植え付けの深さ

　大体の目安として、球根の高さ（茎盤から先端までの長さ）の少なくとも2倍の深さに植え付けよう。実際には、もっと深く植えてもよい。特に、草丈の高い品種では安定性が増すからで、茎の地下部分に不定根を生じる品種も深く植えた方がよい。

　このルールは、鉢植えの場合も同じだ。球根の先端から少なくとも10cmの高さまで用土で覆うこと。

　唯一の例外はニワシロユリ *Lilium candidum* で、球根の先端が地表すれすれになるくらい、浅く植え付けられるのを好む。

ユリをコンテナに植え付ける

　ユリはコンテナ植えに極めて適していて、自宅の庭が重くて冷たい粘土質の土壌か、ユリが嫌うpH値の場合は、コンテナ植えで育てるのが一番よいだろう。

　うまく育てるためには、いくつかのシンプルなルールを守ろう。まず、適切な鉢を選ぶこと。底に排水用の穴があり、風で倒れないほど重いことがポイントだ。テラスの特等席に置くための美しい鉢にするか、ボーダー花壇の中に置いたり、地面に埋めるプラスチック製の鉢にするかは自由だが、鉢が大きければ大きいほど、球根はより多くの水分と養分を利用でき、夏に乾ききったり、冬に凍ってしまうのを防ぎやすい。

　見た目の美しさの点では、大きな植木鉢に5個、7個、11個の球根を植える方が、小さな植木鉢にわずかばかりの球根を植えるよりも、ドラマチックで印象的だ。

　土壌の条件が栽培に適さない場合や、特別な注意が必要な球根の場合には、さまざまな点で鉢植えが好ましい。従来の方法は、まず、鉢底に鉢のかけらをたくさん敷く。次に、ローム土（赤玉土など）をベースにした良質の重い培養土に、十分な砂を混ぜて排水性を確保する。さらに、育てたいユリの品種に適切な量の腐葉土その他の有機物を加えるとよい。

　室内で楽しむ場合には、花の蕾が膨らみ始めたら室内に運び、日向を避け、涼しく明るく風通しのよい場所に置く。暖房設備の近くや極度に乾燥する場所も避けよう。ほとんどの問題は、土が乾きすぎるか湿りすぎることが原因なので、湿っているが、びしょびしょではない状態が保たれるように、土の状態をこまめに確認しよう。指を第一関節まで土に差し込んでみて、湿っていれば大丈夫だが、乾いていたら水を遣ればよい。

　ユリをコンテナで育てる場合、用土に緩効性肥料を混ぜるか、成長期にトマト用などの液体肥料を定期的に与える必要があるだろう。植木鉢内の堆肥は、地植えと同じようには補充できないからであり、どの品種の場合でも同じだ。植木鉢は、物置小屋や温室など霜の降りない場所で冬を越せるが、堆肥の乾燥を保つことが肝心なので、雨を避けるために、ゴミ袋で覆うか横倒しにするとよい。

手入れと管理

一旦土になじめば、ユリの球根は耐寒性があり、それほど手間はかからない。しかし、ちょっとした気配りが最も美しく咲かせるコツであり、支柱立てと肥料やり、マルチングを適切な時期に行えば、毎年のように最高の開花を楽しめるだろう。

支柱立て

茂みを作る植物の近くに植えるなら、周辺の小枝が十分な支えとなるため、多くのユリは支柱が不要だ。しかし、風が当たりそうな場所に、コンテナに単独で植えたり、緩やかな茂みを作る多年草の間に植えるなら、支柱を立てるとよいだろう。

球根に竹竿などの支柱を使う場合、支柱を地中に刺すときに、先端でうっかり球根を刺してしまう恐れがある。その際は植え付けるときには短い支柱を使い、成長したら長いものと交換するとよい。支柱にはいろいろなタイプがあり、半円形の支柱は前に倒れるのを防ぐ。重い花がうなだれるのを防ぐ円形の支柱や円錐形のフレームもある。

施肥と水遣り

土壌はさまざまで、良質の肥沃な土壌なら、肥料や水をたくさん与える必要はないかもしれないが、ユリの成長を見守ることが大事だ。

極度に乾燥した気候になったら、貯めた雨水などを使って、根の周囲にたっぷり水を染み込ませよう。また、少し元気がないように見えたら、トマト用肥料など、カリを豊富に含む液体肥料を与えると、回復に弾みがつくはずだ。肥料によっては、葉焼けの原因になるため、肥料や水は土に撒き、葉にかからないように気をつけよう。

前にも述べたとおり、ユリは多様化しているため、肥料をふんだんに与える前に、栽培する品種の習性や好ましい条件をよく知ろう。リーガルリリー*Lilium regale*（リリウム　レガレ）やヤマユリ*L. auratum*（アウラトゥム）など、痩せた土壌で進化したユリは特に、肥料をやりすぎない方がよく育つ。

マルチング

秋と冬に、有機物からなる繊維質のマルチで土壌を厚く覆うとよい。これには次のような利点がある。雑草を覆って成長を阻害する。土壌の構造を改良し、保湿性と排水性を高める。また、マルチの層には断熱効果もある。さらに、最終的には腐って分解され、放出された養分を植物が利用できる場合もある。

どんな有機物でもマルチに利用できる。樹皮やシダ類を裁断したもの、使用済みの堆肥、自家製の堆肥、使用済みのキノコ菌床（ただし石灰分をかなり含む可能性がある）、そしてマルチングの定番の腐葉土など。

もし、自宅の近くに手頃な落葉樹があれば、腐葉土を作るのは簡単だ。秋になったら落ち葉を袋に詰め、排水用の穴を開け、日陰の邪魔にならない場所に2、3年放置すればよい。その頃には十分に発酵して柔らかくボロボロになり、土を覆うのに適した状態になっているはずだ。

花がら摘みと切り戻し

　花がら摘みを行うかどうかは、個人的な好みの問題だ。花がらを摘むと、種子の形成が妨げられるため、その分のエネルギーが全て球根に蓄えられ、次の成長に備えられる。一方、花がらを残しておけば、趣のある蒴果（か）が形成され、冬が来るまで長持ちしてガーデンを飾ってくれる。

　草姿を整えるためや個人的な好み、あるいは自宅や展示会用に切り花にしたいといった理由で切り戻す場合、葉で生成された養分が球根に補給されるように、たっぷり茎を残す（少なくとも3分の1から半分）ことが大切だ。

　いずれにせよ、冬の終わりに次のシーズンに備えて庭を片付けるときに、残っている枯れた茎は取り除いてよい。

ユリの株分け

　必要最低限の世話だけで何十年も植えっぱなしにできるユリもあれば、どれほど大切に育てても、美しくも儚（はかな）く咲き、衰えていくユリもある。しかし、株が混み合ってきたら株分けをするのがいいだろう。株分けによって、元気を取り戻すと新たな成長が促され、また、お気に入りのユリを庭のあちこちに植えるチャンスでもある。同じ花が庭で繰り返し目に入ると、心地よい印象を与えるはずだ。

　開花後4〜6週間ほど経ったら、注意深く株を掘り上げて、そっと球根を分け、手順どおりに植え替える（p. 203を参照）。株は、花をつける大きな球根と、より小さな球根が一緒になっているはずだ。成長させる必要がある小さな球根は、同じ場所でもっとスペースを与えて肥大させてもいいし、花をつける大きさになるまで、苗床など、別の場所に移してもよい。

　大きな株は、長年のうちに周辺の土壌の養分を使い果たしてしまった可能性があるので、必要だと思ったら、この機会に培養土を混ぜ込んで、植え替える場所の土壌を改良しよう。

繁殖

ユリは、数を増やそうとする根本的な欲求が強く、栄養繁殖または種子繁殖によって驚くほど簡単に繁殖できる。

どちらの繁殖方法にも長所と短所がある。種子繁殖の場合、病気を伝染させる確率が低くなる一方、交配の過程で、新たに改良された変種が生まれ、親とは違うタイプの花が咲く可能性がある。栄養繁殖の場合には、新しい個体は親と遺伝的に同一であるため、親と同じ品種が育つ。また、種子を蒔いて育てたときに比べ、成熟して花をつけるまでの期間が一般に短くてすむ。

ユリの種子繁殖

ユリの種子鞘に含まれる種子の数は、1個から数百個までさまざまだ。ユリはかなりふんだんに種子をつける傾向があるが、中には、そうでもない品種もある。

開花後、種子が熟したら鞘を採取しよう。早咲きのユリの場合、種子が熟すのは夏の半ば頃だが、多くのトランペット系やオリエンタル系など遅咲きのタイプでは、収穫した鞘を屋内で完熟させる必要が生じるかもしれない。

種子が熟しているかどうかは、乾燥した鞘を揺すってみるとわかる。カラカラと音を立てるなら、鞘の先端をもぎ取って、中の種子を紙の上に出す。すぐに蒔いてもよいし、内容を明記した封筒に入れて保管し（冷蔵庫が理想的）、春になってから蒔いてもよい。

ジメジメした天候のときや、シーズンの終わり頃には、種子鞘をつけた茎を半分ほどの高さで切り、車庫や乾燥小屋、食料貯蔵庫など、涼しく乾燥した風通しの良い場所に吊るし、下に紙を敷く。熟して紙の上に落ち始めたら種子を集めよう。

ユリの発芽には次の2種類がある。

地上子葉型

子葉（植物の種子の胚から最初に成長する葉）が成長して地表に出てくる。根が膨らみ始め、小さな球根が形成される。

地下子葉型

子葉は地中に留まり、球根が形成されて発達、発根してから、最初の本葉が現れる。

どちらの発芽の種類も、それぞれ即時発芽と遅延発芽に分けられる。地上子葉型には即時発芽が最も多く、地下子葉型の即時発芽も同じように扱える。

地下子葉型の遅延発芽の場合には、暖かい土壌に種子を蒔いた後、最低6週間の寒冷な期間を経て、発芽が促される。ユリの種蒔きに関する一般的な情報を次に挙げるが、育てたい品種に特有の条件がないかどうかは確認しよう。

ユリの種蒔き

水はけの良い粒状の培養土を入れた植木鉢またはトレイに種子を蒔き、培養土またはバーミキュライトで厚さ3mmほどに薄く覆う。種子が流れてしまうのを防ぐため、水を張った浅いボウルに容器を浸して、底面給水式で水をやる。次に、容器ごとビニール袋に入れ、袋の口をひねって閉じる。室温で種子を発芽させ、緑の葉が現れ始めたら、袋の口を少しずつ開いて通気性を高めよう。

取り扱えるほどの大きさに苗が育ち、容器が狭くなってきたら、一つずつ鉢に移植する。成長するにつれ、水と肥料を増やし、涼しくて明るい、風通しの良い場所で引き続き育てる。

新しい球根が、花をつけるほどの大きさになるまでにかかる期間は、栽培条件と個々の品種によって異なる。最良の条件の下で、タカサゴユリL. *formosanum* （フォルモサヌム）や *L. philippinense*（フィリピネンセ） などは、1年以内に花をつけ、アジアティック系とオリエンタル系のハイブリッドでは2年かかり、マルタゴンリリーL. *martagon*（マルタゴン） では最低4年が必要だ。栽培条件が悪くなるほど、開花までの期間は長くなるだろう。

ユリの栄養繁殖

ユリの繁殖方法はたくさんある。

株分け（分球）

スイセンなど他の球根と同様に、大抵は一年ごとに、球根そのものが増えて子球が形成される。新しい球根を多数つけた元気なユリの株は、密生して養分が不足することがないように、数年に１度掘り上げて株分けをするとよい。

大きな株や密生した株を部分ごとまたは球根ごとに分ける

分けた球根は、必要に応じて、同じ場所に地植えするか鉢植えにする

木子
<ruby>木<rt>き</rt>子<rt>ご</rt></ruby>

一部の品種は、鱗茎上部の茎の地下部に不定根と小球根（木子）を発達させる。やがて木子が膨らみ、それぞれ根を伸ばす。そこで、成長期の終わり頃に、木子を取り外して別に植えれば、新しい株として成長する。同様に、匍匐枝を伸ばす品種では、毎年、匍匐枝に沿って数個の小球根が形成される。

むかご

特にオニユリ系のユリに見られるむかごは、地上の葉腋に形成される濃い色の小球根だ。膨らんで根を伸ばしてから自然に地上に落下して、独自に成長し始める。タイミングを見計らえば簡単に取り外せるので、好きな場所に植えて、成長を続けさせよう。

鱗片挿しと葉芽挿し

球根から鱗片を取り外し、一つずつ消毒して無菌の土に植えると、新しい小球根が形成される。花をつける株を短期間に大量に増やしたければ、この方法が便利だ。アジアティック系や、テッポウユリ *L. longiflorum*（ロンギフロルム）、オニユリ *L. lancifolium*（ランキフォリウム）などの品種は、葉をヒール挿し（挿し木の方法の一つで、茎の一部がつくように挿し穂を取って挿し木にすること）にしても新しい株が成長する。

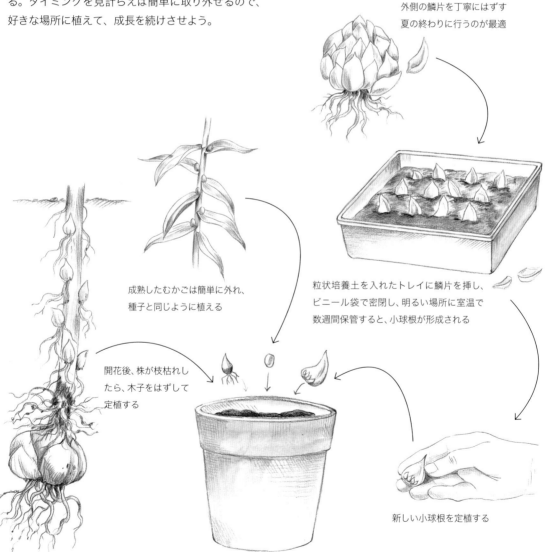

外側の鱗片を丁寧にはずす
夏の終わりに行うのが最適

成熟したむかごは簡単に外れ、種子と同じように植える

粒状培養土を入れたトレイに鱗片を挿し、ビニール袋で密閉し、明るい場所に室温で数週間保管すると、小球根が形成される

開花後、株が枝枯れしたら、木子をはずして定植する

新しい小球根を定植する

冬越し

　ユリの球根は耐寒性があるため、温和な気候の地域で地植えする場合は、冬の手入れはあまり必要ない。秋に茎が自然に枯れ、茶色く、中が空洞になるのを待ってから、地面すれすれまで切り戻すだけでよい。

　最も耐寒性の強い品種はアジアティック系、オリエンペット系、マルタゴン系だ。寒冷な地域では、腐葉土や、藁など繊維質の有機物でマルチングして球根を保護するとよいが、RHSのH5またはUSDAのゾーン8（p.190の耐寒性指標を参照）より温暖な地域では、ほとんど問題ないはずだ。平均年間最低気温の最低値が、それよりも低くなる可能性がある地域や、湿度が非常に高い気候では、球根を掘り上げて、涼しく霜の降りない場所で冬越しさせる方がよいだろう。

　コンテナ植えの球根は、涼しく乾燥した、風通しの良い場所に移動させ、春に再び成長し始めるまでは、水やりは（もし必要があれば）ごく控えめに行うこと。ユリのコンテナ植えについての詳しい情報は、p.198を参照。

　ユリは一般に、冬は寒く夏は暑い地域が原産地なので、冬の寒さを経験させないと、花芽がよく成長せず、花が全く咲かないこともある。このため、室内で冬越しさせてはならない。もし、アメリカ南部など、暑く湿度の高い地域に住んでいるなら、冬の間、最も涼しい場所に保管するか、一年草として扱おう。

ユリを展示会に出品する

　園芸の展示会は、夏の楽しみの一つであり、出展する側に立つのも来場するのと同じくらい楽しい。園芸家の中には、品評会に熱心に参加する人もいて、賞やトロフィーの他、最も重要な栄誉を勝ち取るために、さまざまなカテゴリーで最高位を目指して競い合う。参加条件は、プロに限定されないことが多い。カテゴリーや出品方法を含め、展示会に関する情報は、ユリ協会のウェブサイトを確認するか、直接請求するとよいだろう。

　出品のルールブックを入手したら、よく読んで理解すること。何があっても犯してはならない間違いは、ルールは単なる目安に過ぎないと勘違いすることだ。決してそうではない。一語一句従えば、大きな問題はないだろう。ルールを無視するならリスクを覚悟すること！

　花型、状態、品質のあらゆる要素が審判によって評価される。茎（茎をつけて切った花全体を指す）は健康で傷や染みがなく、そのユリの品種の典型であること。

　練習を積み、梱包を工夫すれば完璧だ。展示会の2、3日前になったら、涼しい早朝に花を摘む。茎は長く、蕾が色づき始めた頃合いの花がよい。これはタイミングが全てだ。花は展示会に合わせて開花させなければならない。専門家は、暖かい日差しを浴びせたり、あるいは暖かいシャワーをかけるなどの裏技を使って開花を多少加速させるが、そもそも摘むのが早すぎたら、その効果にも限界がある。

　次の関門は、花を無傷で展示会場に運ぶこと。経験豊かな出展者は、それぞれ独自の方法を使う。箱に入れるときに、巻いた新聞紙を茎の間に入れてみよう。少ししおれていたら、水につけると元気になるだろう。ユリは柔軟なので張りが戻りやすいが、やり過ぎは禁物だ。開いた花は、輸送中に傷んだり、花粉で汚れたりしやすいが、地元の展示会に運ぶなら、水を張ったバケツを鶏小屋用の亀甲金網で覆って切り花を入れると安定する。あるいは、箱に入れたびんに切り花を1本ずつ入れてもよい。最高の花と、念の為に予備の花も持っていこう。

　鮮やかで、染みになりやすい花粉は厄介なので、柔らかいティッシュペーパーで葯を覆って輪ゴムで止め、輸送する人もいる。

　展示会場に到着し、自分の展示スペースが見つかったら、美しく完璧な展示品にするために、ちょっとした手入れが必要だ。枯れた葉や、傷んだ葉は取り除くが、先端や外縁が枯れているだけなら、よく切れるハサミを使って丁寧に形を整えればよい。枯れた花や傷のある花も同様に処理する。

　葉や花びらについた乾いた花粉は、柔らかいブラシで払い落とそう。濡れている花粉は、水に洗剤を一滴落とし、その水で湿らせた柔らかいスポンジを使って落とす。最悪の事態になったら、曲がった茎の位置を慎重に変えるか、フローラルワイヤーを使って、花の角度を調整するとよい。

　時間が迫り、いよいよ興奮が高まったら、最後にもう一度確認しよう。自分の作品が厳格な審査基準に則っているかを確認し、競争相手を品定めしたら、お茶でも飲みに行こう。

　出品するのは素敵なことで勝てたら最高だ。しかし、何よりも素晴らしいのは、他の多くのユリ愛好家と知り合うチャンスができること。新しい友人や、非凡な人たちと出会い、ユリへの愛を分かち合うことである。

害虫と病気

食害や感染の被害を受けないようにユリを育てるのは簡単なことではない。とはいえ、女神たちのみぞ知るところだが、ユリを栽培する私たちはそれを目指しているのだ。場所や気候、品種だけでなく、隣人の庭仕事のやり方までもが、自分が育てようとしている植物に影響を与え得る。そこで、害虫や病気は、豊かな人生を織りなす要素とみなすのが一番だ。

ただし、成功を大きく後押しする要素が二つある。まず、逆境に強くなるように、丈夫なユリに育てること。そして、よく観察して、どんな問題の兆候も見逃さないこと。これさえ覚えておけば、どんな敵が庭に現れようとも、ひるむことはないだろう。

を感じて地面に落ちるのは、気が弱いからではなく、仰向けに地面に落ちると黒い腹がカモフラージュになるからだ。オレンジ色の卵から孵化(ふか)した幼虫は、自分の湿った排泄物で体を覆い、鳥のフンそっくりに変装する。緋色のユリクビナガハムシはアジア原産ではあるが、ユリを食べている姿が世界各地で目撃されており、今では広く定着しているようだ。

ユリとその近縁種は、この甲虫による食害にある程度は耐えられるが、深刻なケースでは、身包み剥がされて茎だけになってしまう。そのため、遅くとも春半ばから、もし暖かければそれ以前からよく注意して、成虫、幼虫、卵を一つ残らず手で駆除しよう。処分方法はお任せするが、潰す作戦がよく実行されている。

幼虫には、成虫よりも殺虫剤が有効なようで、多くの有機殺虫剤が市販されている。しかし、有機殺虫剤といえども、益虫にも無害な虫にも害を及ぼす恐れがあるので、できれば使用を避けた方がよい。他の製品の中には、ユリの味をユリクビナガハムシの嫌う味に変えて撃退すると謳っているものもあり、他の生き物に害を及ぼさないという点は有望だ。

ナメクジとカタツムリ

庭には必ず軟体動物がおり、人間対ナメクジの終わりなき壮大な戦いが繰り広げられる。しかし、毒で土壌を汚染し、他の生き物を巻き添えにする危険を冒すよりも、丈夫でたくましく、多少かじられても耐えられるように育てる方が賢明だ。

とはいえ、のんきに構えていてはダメだ。シーズンの初め、ユリがちょうど芽を出し始める頃、ナメクジは深刻な問題になり得るので、よく注意しよう。若く小さな球根は、鉢植えで育ててから後で地植えにすると、ナメクジの被害から守りやすい。また、株の周りの地面を片付けると、ナメクジやカタツムリの隠れ場所がなくなり、防疫線を築くことになる。

ナメクジ対策に、さまざまな化学農薬が販売されているが、ガーデンの生態系にとって最適なのは、ナメクジに的を絞って作用する生物農薬だ。ナメクジ対策として、イギリスでは線虫が通信販売されている。

春先に、これを水と一緒に土壌に撒くとナメクジが減り、ユリは被害を免れる。クロウタドリやツグミ、ゴミムシなど、ナメクジやカタツムリを喜んで処理してくれる生き物が、健全な個体数を維持できるように努めよう。

害虫

そもそも、害虫の概念とは、ガーデンは自分の思い通りになり、完璧な植物を育てなければならないという発想に基づいている。だから、理想のガーデンを脅かす害虫を、断固として戦い排除すべき存在として捉えてしまうのだ。しかし、これは根本的に間違った観点で、失敗するのが目に見えている。それよりも、生態系における私たちの位置付けと、他の種にとってのビュッフェを準備しているも同然だという事実を快く受け入れ、それに応じてもっと穏やかな行動を取る方がはるかによい。

ユリクビナガハムシ

ユリクビナガハムシが害虫なのは残念だ。消防自動車のようにおしゃれな赤色で、その素敵な姿を台無しにするほど凶悪なのだ。

Lilioceris lilii（リリオケリス リリイ）の成虫は、全長約8mmに成長し、やや暴食気味の徒党を組んでいるのがよく見られる。危険

哺乳類

　ユリを育てる楽しみに水を差す哺乳類は多い。球根はモグラに掘り起こされたり（迷惑だが、球根を食べないのは幸いだ）、ウサギのおやつにもなる。

　障害物を作るのが一番の対策だ。害獣がユリまでたどり着けなければ、被害は抑えられる。水生植物用のバスケットに球根を植え、上部を亀甲金網で覆って地植えにしてみよう。あるいは、筒状にした亀甲金網に、球根と出てくる茎が包まれるようにして地中に植える。見栄えは悪いが、周りに植えた植物が、すぐに金網を隠してくれるだろう。

　ユリは、猫に対して極めて毒性が強いことに注意しよう。詳細はp.23を参照。

アブラムシ

　モモアカアブラムシやマメクロアブラムシをはじめ、アブラムシの仲間は吸汁性で、多くの植物に共通の害虫であり、ユリも例外ではない。

　アブラムシに対しても、丈夫に育てることが最善の防御だ。手を出さずに見ていれば、遅かれ早かれ、テントウムシやクサカゲロウなどの捕食者が大勢やってきて、アブラムシを片付けてくれるだろう。こうして、彼らは食物連鎖を活性化し、ガーデンの生態系における役割を果たすのだ。

　もしアブラムシが深刻な問題であれば、肝が据わった人は手で潰せばよく、オーガニックで洗剤ベースのさまざまな溶剤は、緊急事態に使用できる。

　しかし、害虫に対するどんな薬剤も、益虫や無害な昆虫など、その時その場にたまたま居合わせた他の昆虫にも被害を及ぼす可能性が高いことを忘れてはならない。また、ミツバチなどの送粉者を危険にさらさないためには、暖かく晴れた日に薬剤を使用してはならないが、著者個人的には、使用を完全に控えたい。

病気

　ユリの病気に有効な薬剤はないため、発病してから対策を取るよりも、予防がはるかに重要だ。

　新たな株を入手するときに病原菌が持ち込まれることが多いため、球根が健康であることをよく確かめて購入しよう。もしも感染している株を見つけたらすぐに行動し、病気の株は根を含め全てを取り除き処分しよう（焼却するのがよい）。

乾腐病と株腐病

　ユリの球根に感染する土壌伝染性の真菌類には、*Fusarium oxysporum* f. sp. *lilii*（菌類の分類に用いられる f. sp. は forma specialis の略で「分化型」を意味し、園芸植物の分類の「品種」にあたる）や*Rhizoctonia solani* など多数ある。おそらく最初に症状に気づくのは、葉が黄化し始めたときで、よく調べると、球根が茶色くなり腐っていることがわかるだろう。

　これらの真菌は、茎盤から球根に侵入し、損傷した球根は特に侵入されやすい。感染した球根は直ちに取り除き、焼却しよう。真菌はその後も長く土壌に住み着くため、感染した球根が植えられていた場所には、最低5年はユリを栽培しないこと。

　Fusarium oxysporum f. sp. *lilii* は、ユリ特有だ。ただし、キカノコユリ *L. henryi* や *L. superbum*（英名スワンプリリー）などは、少なくとも一定の耐性があると言われている。*Rhizoctonia solani* は、程度の差はあれ、他のさまざまな球根や植物に広く感染する。

ボトリチス菌

　Botrytis elliptica を病原菌とするユリの病気（灰色カビ病）は、ガーデンでよく発生する問題だ。葉の表面に茶色い楕円形の病斑が現れ、多発すると斑が融合し、場合によっては葉全体に及んで葉を枯らしてしまう。

　ボトリチス菌は枯葉の中で冬を越し、胞子が空気中を移動して、濡れた状態の植物に感染する。ニワシロユリ *L. candidum* とリーガルリリー *L. regale* は特に感染しやすいが、免疫を持つユリはない。

　有効な薬剤はないため、一番よい対策は、感染した葉を全て集めて焼却し、増殖の足掛かりを与えないことだ。

ウイルス病

　ユリに感染するウイルスは多数あり、定着した株は長年のうちに複数のウイルスに重複感染して、いろいろな症状を示すことがある。

　キュウリモザイクウイルスの他によく知られているウイルスが、チューリップモザイクウイルス（TBV）だ。感染すると、葉に条斑が出たり、葉が変形したりする。花つきも悪くなり、開花した花にも筋や斑が入り、きちんと開かないこともある。

　名前の通り、このウイルスはチューリップにも感染する。ウイルスは吸汁性のアブラムシが媒介となって伝染するので、2次感染を避けるために、チューリップとユリを近くに栽培しない方がよいだろう。感染した株は掘り上げて焼却すること。

GLOSSARY -用語集-

栄養繁殖
植物の繁殖方法の一つで、遺伝的に親と全く同じ新しい個体、つまりクローンを生成するプロセス

園芸品種
望ましい特徴のために選抜され作出された植物の種類

オーレリアン
トランペット咲きのユリとキカノコユリ *Lilium henryi* との交配種を指して一般に使われる用語

雄しべ
花の雄性生殖器官で、花粉を生成し、花糸と葯からなる

カリ
水溶性の形式のカリウム元素（K）を指す園芸用語。草木灰に含まれるため、昔はこれを集めて肥料として利用した

花柱
柱頭と子房を結ぶ細長い管のような部分

花被
花の最も外側にある、生殖作用を直接営まない器官の総称で、一般に萼片と花弁からなる

花被片
萼片と花弁を区別できない場合に、その総称として使われる

休眠処理
季節外れに開花するように植物を促すプロセス。一般に、寒冷な期間と光量を人工的に調節することによって開花させる

木子
地下の親球の近くに形成される小球根

屈曲、後屈
花びらが後ろへ反り返っていること。しばしば強く反り返る

茎盤
球根の基底部にある平たい茎で、茎盤の上には鱗片葉が、下には根が発達する

根茎
根に似た外観の太い茎で、新しい球根を形成しながら地下を横に這う

散形花序
花序の一つで、花序軸の先端から多数の花柄が放射線状に伸びて多数の花をつけるもの

子房
雌しべの基部の膨らんでいる部分で、受精すると子房内で種子が発達する

子葉
地上子葉型の発芽の場合、本葉に先立って、発芽した種子から出現する最初の葉

総状花序
花序の一つで、茎の先端に長く伸びた花序軸に、多数の花を房状にほぼ均等につけるもの

種
遺伝的類似性が高く、交配が可能な個体の集団

地下子葉型の発芽
種子が発芽するとき、子葉が地中に留まるもの

地上子葉型の発芽
種子が発芽するとき、子葉が地表に現れるもの

柱頭
花の雌性生殖器官で、花粉を受け取る部分

乳頭状突起（パピラ）
一部のユリの花びらに見られる、小さく突き出た部分

稔性
生殖能力のある2個体を交配したときに、生殖能力のある子孫を作れること

ハイブリッド（交配種）
種や属、あるいは品種の異なるものどうしを掛け合わせて生まれた遺伝的雑種

花がら摘み
さらに花を咲かせるように、咲き終えた花を取り除くこと

ヒール挿し
挿し穂を取るときに、ハサミで切るのではなく、茎からそっと引っ張ると、茎の一部が挿し穂と一緒に剥がれる。この部分をヒールといい、ヒールごと挿し木にすること

pH値
酸性かアルカリ性かを表す尺度

変種
園芸植物の分類における階級の一つで、亜種の下位分類に当たる。些細ながらもはっきり異なる、遺伝する性質を呈する集団

匍匐枝形成型
球根の場合、水平に這って伸びる長い根茎（匍匐枝）の先に小球根を形成するもの

むかご
地上部の葉腋に発達する小球根。*L. tigrinum* の園芸品種など、一部のユリがつける

葯
雄しべの先端にある、花粉の入った袋

葉腋
葉と茎の接合部

鱗茎
短縮した茎に肉厚の鱗片葉が重なり合って球状をなす貯蔵器官

鱗片
ユリの球根を構成する肉厚の器官で、よく繁殖に使われる

INDEX -索引-

DIRECTORY -品種一覧-

本書では、ユリの各品種を商品名で明記している。ほとんどの場合、世界的な育成者権（PBR）に定められた園芸品種名称と、商品名に関わる商標マークは、読みやすくするために省かせていただいた。園芸品種名称と、商品名の登録状況（該当する場合）を以下に列記する。

Lilium 'African Queen' (African Queen Group) (PBR)

Lilium 'Albufeira' (PBR)

Lilium 'Amarossi' (PBR)

Lilium 'Apricot Fudge' (PBR)

Lilium 'Beijing Moon' (PBR)

Lilium 'Candy Club' (PBR)

Lilium 'Distant Drum' (PBR)

Lilium 'Elodie' (PBR)

Lilium 'Exotic Sun' (PBR)

Lilium 'Heartstrings' (PBR)

Lilium 'Helvetia' (PBR)

Lilium 'Lady Alice' (PBR)

Lilium Lily Looks™ 'Sunny Azores' (PBR)

Lilium longiflorum 'White Heaven' (PBR)

Lilium 'Magic Star' (PBR)

Lilium 'Nymph' (PBR)

Lilium 'Perfect Joy' (PBR)

Lilium 'Playtime' (PBR)

Lilium 'Red Eyes' (PBR)

Lilium Roselily Anouska® = 'DI111067'

Lilium Roselily Elena® = 'DL04581' (PBR)

Lilium Roselily Natalia® = 'DL04544' (PBR)

Lilium Roselily Viola® = 'DL112838' (PBR)

Lilium 'Salmon Star' (PBR)

Lilium 'Saltarello' (PBR)

Lilium 'Soft Music' (PBR)

Lilium 'Sorbonne' (PBR)

Lilium 'Star Gazer' (PBR)

Lilium 'Trebbiano' ('Gerrit Zalm') (PBR)

Lilium Triumphator = 'Zanlophator' (PBR)

Lilium 'Yelloween' (PBR)

Lilium 'Zambesi' (PBR)

Lilium 'Zelmira' (PBR)

美しいものを共に分かち合う、モーウェナ・スレイドに本書を捧げる。

美しく香り高いユリに、常に興味をかき立てられてきた私にとって、本書の執筆はワクワクするものでしたが、同時に勇気も試されました。本書は、感染症の流行の最中に、不確かで制約のある、不安な状況の中で制作されたからです。しかし、結果は実に素晴らしく、一緒に働いた素敵な方々に対し、これまで以上に感謝し誇らしく思います。そして一緒に暮らす家族に対しても。

家族は私を揺るぎなく支えてくれ、私がいつも仕事でベストを尽くせるのは、ひとえに夫クリスと子供たちの前向きな姿勢と励ましのおかげです。

また、園芸の世界や、ガーデニングのメディア、あるいはより広い世界で活躍する友人や同僚にもお礼を申し上げなければなりません。季節や天気、そして現在私たちを取り巻く世界的な危機にもかかわらず、親切にアドバイスと励ましを与えてくれたことに。中でも、いつも快く迅速に見識を分かち合ってくれた、王立園芸協会のギー・バーター。また、ジュディス・フリーマンには技術的な専門知識に。そしてH.W. ハイドのチームには、業界用語に関して力を貸してくれたことに。心から感謝します。

リトル・アッシュ・ガーデンのヘレン・ブラウンと、アドヴォリー・リッチモンドに謝意を表します。原稿を校正してくれ、色とりどりのインクでコメントや批判やお褒めの言葉をいただき、編集しながら笑わせてもらったこと、私を支え、明るい気持ちにしてくれたことに。ありがとう。

パヴィリオンの、逆境でも優秀なルーシー・スミス、ヘレン・ルイス、イザベル・ホルトンと仕事をご一緒できてうれしく思いました。また、ヘレナ・カルドンとケイティー・ヒューエットには、編集のプロセスを滞りなく進めていただき感謝しています。美しくわかりやすい挿絵を描いてくれたソマン・リー、最高のデザインチームのアリス・ケネディ＝オーウェンとソフィー・ヤマモトにもお礼申し上げます。

前例のない難しい年に本書を一緒に作り上げてくれた、友人で同僚のジョージアナ・レーンに盛大な拍手を送ります。美しい写真を次々と繰り出す魔法のような能力と、極めて困難な状況で仕事をこなす忍耐力には、いつも驚かされています。彼女が夫デヴィッド・フィリップの力を借り（彼にも謝意を表します）、本当に素晴らしい選りすぐりの写真を提供してくれたおかげで、息をのむような美しい本に仕上がりました。比類のない目とプロの厳しさをもつ彼女と仕事をすることはこの上ない喜びであり、次のプロジェクトでご一緒するのを楽しみにしています。

ナオミ・スレイド

いつものように、パヴィリオン・ブックスのチームに心からお礼を申し上げます。この素晴らしいシリーズを生み出し、ユリという卓越した被写体の写真に命を吹き込むことを私に託してくれました。本書に関しては、ルーシー・スミス、ヘレン・ルイス、イザベル・ホルトンと、デザイナーのアリス・ケネディー＝オーウェンとソフィー・ヤマモトに謝辞を表します。

　信頼する友人で、このシリーズのパートナーでもある、ナオミ・スレイドの揺るぎない存在とあふれる才能に再び拍手喝采を送ります。本書に描写されたどのユリにも負けないほど華々しいナオミの文章は、読む人の心を魅了し刺激する。ふんだんに散りばめられたウィットと輝きにより、別の側面が現れて全体が高められ、それぞれのユリの種をますます輝かせるのです。

　アメリカのワシントン州スタンウッドにあるキーピング・イット・グリーン・ナースリーのアーレン・ヒルには貴重な機会をいただき、大切なコレクションである早咲きのマルタゴンリリーを撮影しました。彼のご好意がなければ、本書に掲載できなかったことでしょう。ワシントン州ウッドランドにあるザ・リリー・ガーデンからは、ニールズ・ファン・ノールトにかけがえのない支援と情報を提供していただき、創設者で名育種家のジュディス・フリーマンに光栄にもお目にかかり、専門的な知識を快く共有していただきました。

　オレゴン州オーロラのオレゴン・フラワーズのタイラー・メスカーズは、知識とアドバイスを惜しみなく分かち合い、最先端の広大なグリーンハウスで栽培した、豪華な切り花を腕いっぱいに抱えるほど分けてくださいました。オレゴン州フォレストグローブのパリーズ・ツリー・アンド・リリー・ファーム社のケンとシルビア・パリーは、丘の中腹にある、美しいファーム兼育苗場に歓迎してくれました。熱心な栽培家のケンは、ユリの栽培に関しては本物の芸術家であり、彼が咲かせた完璧な花は、本書に多数掲載されています。オレゴン州セイラムのセブライト・ガーデンズのトーマス・ジョンソンとカーク・ハンセンは、広範な知識を快く共有し、豪華な展示用ガーデンに、夏の間中何度も早朝に訪問できるよう取り計らってくれました。

　毎年春と夏に数カ月ずつ、私が花の世界の「ウサギ穴」に姿を消してしまうことを今ではよくわかっていて、忍耐強く支えてくれる家族のみんなに、いつも変わらぬ感謝の気持ちを伝えたい。

　最後に、夫デヴィッド・フィリップの献身的な協力がなければ、本書は存在しなかったといっても過言ではありません。世界的な感染症のために、元々予定していた世界各地の撮影場所が次々と閉鎖されると（完全なパニック状態）、彼は私が撮影できるように、代わりとなるユリ栽培者やファームやガーデンを特定するという、急を要する仕事を落ち着いて引き受けました。まるで魔法でも使ったかのように新たな撮影場所を見つけ出してくれたのです。

ジョージアナ・レーン

世界の優美なユリ銘鑑
LILIES

2022年6月1日　第1刷発行

訳　者　瀧下哉代
翻訳協力　株式会社トランネット https://www.trannet.co.jp/

編　集　武智美恵
デザイン　伊藤智代美

著　者　ナオミ・スレイド
発行者　吉田芳史
印刷・製本　図書印刷株式会社
発行所　株式会社 日本文芸社
　　　　〒100-0003 東京都千代田区一ツ橋1-1-1
　　　　パレスサイドビル8F
　　　　TEL 03-5224-6460

URL https://www.nihonbungeisha.co.jp/
Printed in Japan 112220518-112220518Ⓝ01
ISBN978-4-537-22002-5
©NIHONBUNGEISHA2022
（編集担当 牧野）

内容に関するお問い合わせは
小社ウェブサイトお問い合わせフォームまでお願いいたします。
ウェブサイト https://www.nihonbungeisha.co.jp/

PICTURE CREDITS
PAGE 72: Jessica Hyde / iStock/Getty
PAGE 159: Clare Gainey / Alamy Stock Photo